墨香财经学术文库

财政分权与经济增长质量

理论机制、实证分析与区域差异研究

Fiscal Decentralization and the Quality of Economic Growth

Theoretical Mechanisms, Empirical Analysis, and Regional Disparities

王健　著

东北财经大学出版社
Dongbei University of Finance & Economics Press
大连

图书在版编目（CIP）数据

财政分权与经济增长质量：理论机制、实证分析与区域差异研究 / 王健著. —大连：东北财经大学出版社，2025.5.—（墨香财经学术文库）. —ISBN 978-7-5654-5603-9

Ⅰ. F812.2；F124

中国国家版本馆CIP数据核字第202581DB96号

财政分权与经济增长质量　理论机制、实证分析与区域差异研究

CAIZHENG FENQUAN YU JINGJI ZENGZHANG ZHILIANG

LILUN JIZHI SHIZHENG FENXI YU QUYU CHAYI YANJIU

东北财经大学出版社出版发行

大连市黑石礁尖山街217号　邮政编码　116025

网　　址：http://www.dufep.cn

读者信箱：dufep@dufe.edu.cn

大连图腾彩色印刷有限公司印刷

幅面尺寸：170mm×240mm　字数：174千字　印张：12　插页：1

2025年5月第1版　　2025年5月第1次印刷

责任编辑：时　博　吉　扬　　责任校对：何　群

封面设计：原　皓　　版式设计：原　皓

书号：ISBN 978-7-5654-5603-9　　定价：72.00元

教学支持　售后服务　　联系电话：（0411）84710309

如有印装质量问题，请联系营销部：（0411）84710711

作者简介

王健，男，汉族，中共党员，1990年8月出生于内蒙古包头市，东北财经大学财政学博士学位，中级讲师，从事财政理论和财政政策研究多年，多次参与国家、省级课题研究，已发表CSSCI、北大核心期刊论文若干。现任江苏财经职业技术学院金融学院专职教师。

前言

随着中国经济进入“新常态”，以往粗放型的经济增长模式显然已难以为继，这就要求实现从单纯追求速度转向更加注重质量的增长模式。高质量的经济增长不仅关注经济增长的速度，更强调其可持续性、包容性和公平性。高质量增长具有多维度的目标，包括经济效益的最大化、环境可持续性的保障、社会公平与包容性的提升等，其核心在于提高资源配置效率，优化资源利用方式，减少资源浪费，实现经济活动的可持续发展。

在经济学理论与实践中，政府被视为影响经济增长的重要因素之一。中央政府通过财政分权的制度设计，赋予地方政府更大的财政自主权，建立了激励与约束机制，使得地方政府能够更加有效地履行发展型政府职能。这种制度设计增强了资源配置的自主性，形成了竞争性的地方治理结构，激发了地区经济发展的活力和创新能力，同时提升了公共服务和基础设施建设的效率。然而，在财政分权体制下，财权上收入与支出责任下沉的设计给地方政府带来了巨大的财政压力。为应对日益增长的支出需求，地方政府通过融资平台债务融资及土地出让金等手段补充财力，这些措施在改革开放以来支持了快速的经济增长和城镇化进程。然而，随着房地产市场进入新一轮周期性调整及地方政府债务余额屡创新高，土地财政和地方政府债务对地方财力的补充效果明显弱化，进一步加剧了地方政府发展经济的复杂性。在这一背景下，财政分权如何在促进地方经济发展与维护财政稳定之间实现平衡，成为一个亟待解决的理论与实践问题。因此，本书以政府间财政收入分权和财政支出分权为核心，从理论机制和实证分析的视角出发，探讨财政分权对经济增长质量的影响，并在不同地方政府债务水平和土地财政水平下进行拓展分析，为政策制定提供理论依据，更好地发挥财政分权制度优势，推动经济增长质量的提升。

本书的主要创新之处在于：一是从财政收入和支出分权的角度系统阐释其对经济增长质量的影响机制及门槛效应；二是采用系统广义矩估计方法解决内生性问题，提升实证研究的准确性；三是深入探讨地方债务与土地财政在不同地区的作用，为财政分权的政策优化提供了新的研究视角。

通过对财政分权与经济增长质量关系的系统分析，本书为理解财政分权的制度效应提供了全新的理论和实证依据，并为推动高质量经济发展提供了切实可行的政策建议。

王　健
江苏财经职业技术学院
2025年2月

目录

1 绪论 / 1
1.1 研究背景 / 1
1.2 研究意义 / 4
1.3 文献综述 / 5
1.4 研究内容 / 16
1.5 研究方法 / 18
1.6 创新点 / 18

2 财政分权影响经济增长质量的理论分析 / 20
2.1 发展型政府职能与经济增长质量的关系 / 20
2.2 财政分权影响经济增长质量的激励约束机制 / 25
2.3 财政分权对经济增长质量的影响机理 / 30
2.4 地方政府财力拓展对经济增长质量的影响 / 42

3 财政分权影响经济增长质量的实证分析 / 51
3.1 理论分析与研究假设 / 52
3.2 研究设计 / 53
3.3 实证结果与分析 / 59

4 财政分权影响经济增长质量的拓展分析——纳入地方政府债务 / 78
4.1 理论分析与研究假设 / 79
4.2 研究设计 / 80
4.3 实证结果与分析 / 83

5 财政分权影响经济增长质量的拓展分析——纳入土地财政 / 122
5.1 理论分析与研究假设 / 122
5.2 研究设计 / 124
5.3 实证结果与分析 / 127

6 研究结论与政策建议 / 160
6.1 研究结论 / 160
6.2 提升经济增长质量的思路与建议 / 164

主要参考文献 / 172

索引 / 185

1 绪论

构建提升经济增长质量的长效机制是实现高质量发展的基石。本章首先阐述选题背景及研究意义，然后对国内外文献进行系统性的梳理和评价，接着对本书的研究内容和研究方法加以说明，最后给出本书的可能创新点与不足。

1.1 研究背景

当前我国经济逐步进入新常态，保障经济社会平稳运行、提高经济增长质量已成为当前和未来发展的核心要求。财政制度作为中央政府规范财政分配关系的手段，在优化资源配置、完善公共产品供给、推动基础设施建设等方面始终发挥重要作用。自1994年我国财政制度实施分权改革以来，我国经济取得了举世瞩目的增长奇迹，在经济飞速发展的过程中，经济体制不断完善，财政改革作为经济体制改革的关键步骤也在逐步推进，财政分权在调整经济结构、完善经济体制过程中发挥着关键作用。因此，准确把握财政分权与经济增长质量的关系、科学判断两者的作用效应，对于为政府财政政策提供合理建议具有重要意义。同时，在新时代经济发展背景下，探索合适的财政分权改革机制，改善央地分权弊端，对于实现高质量发展和保障大国财政的可持续性具有重要现实意义。

在中国财政分权体制中，地方政府被委以重要的经济、社会及环境管理职责，涵盖经济发展与规划、社会福利与公共服务、基础设施建设与管理，以及环境保护与资源管理等关键领域。通过赋予地方政府一定的经济和行政自主权，使其能够根据本地区的具体需求和条件，灵活实施政策以促进地方经济的发展和公共服务的改善。同时，保证中央政府能够在全国范围内统一重大政策和战略方向，确保国家利益的一致性。但在经济社会和城镇化快速发展的背景下，地方政府面临着激增的建设资金需求，特别是在耗资巨大且周期长的基础设施建设领域，而这与其受限的财政能力形成了尖锐对立。尽管1994年颁布的《中华人民共和国预算法》明确禁止地方政府直接举债，但经济发展的迫切需求促使地方政府通过创新性的财政工具和机制，如成立政府投融资平台，以及运用银行信贷、债券发行、信托产品、理财工具、资产证券化和融资租赁等多元化金融渠道，来实现资金的筹集，这种隐性的举债模式在短期内有效缓解了地方政府的资金压力，推动了地方经济建设和城乡发展。1998年实施《中华人民共和国土地管理法》（修订）和福利分房制度改革后，伴随我国现代化与城市化的进程，土地财政模式应运而生并迅速发展，这一模式主要通过国有土地使用权的出让而实现，特别在促进房地产行业快速增长的地区显得尤为关键，使土地收入成为最主要的可支配财力。土地财政模式不仅推动了经济的持续增长，还直接或间接促进了钢铁、建材、装修、设计、家电等上下游50多个行业的发展，展示了房地产行业与城镇化发展之间的密切联系。然而，房地产行业的快速发展与城镇化进程紧密相连，城市化的蓬勃发展对资金的需求极大，而传统的公共预算资金在多数地方，尤其是发达地区，往往只足以覆盖常规性财政支出，直接用于城市化的资金极为有限。在这一背景下，城市化融资实际上依赖于土地融资模式，这种模式在很大程度上依赖房地产行业的繁荣，房地产行业的任何失速都将直接影响到土地市场的发展，从而影响地方政府的主要收入来源。因此，土地财政模式虽然在支持城市化进程中发挥了至关重要的作用，但其对房地产市场动态的高度依赖也揭示了在持续推进城市化和保障财政可持续性之间需要找到平衡的重要性。

随着融资规模的快速扩张，地方财政风险逐渐累积，对中央政府的财政稳定性构成了潜在威胁，2013年底中央经济工作会议首次强调把控制和化解地方政府性债务风险作为经济工作的重要任务，引发了对地方债务可持续性的深刻关切。地方政府面对固有的支出刚性，需依靠稳定的政府收入来维持运转。土地财政模式虽然在很长一段时间充实了地方财力，但也埋下了财政风险与金融风险的种子，暴露了粮食安全威胁以及投资消费结构失衡等深层问题。具体而言，依赖土地收入的财政模式在当前财税体系下展现出不稳定性和不可持续性，土地资源的稀缺性与地方政府连续性财政支出的不匹配在房地产与土地市场冷却时加剧了财政平衡的压力，潜在地触发了财政危机。此外，资金链的环环相扣将最终风险集中于银行体系，对银行稳定运行构成威胁；地方政府违法占用耕地追求经济利益，加剧耕地流失，威胁粮食安全；地价和房价快速上涨透支居民消费能力，加剧消费投资结构失衡。因此，地方政府对土地财政和地方债务的过度依赖虽然在短期内缓解了财政压力，支持了基础设施和公共服务的改进，长期来看却引发了一系列潜在风险和挑战，迫切需要对财政分权体制进行进一步的优化和调整，确保地方财政的稳定与经济的持续健康发展。

1994年实施的分税制改革重新定义了中央与地方政府间的财政收入分配关系，旨在清晰划分财政责任、提高财政资源的配置效率，并激励地方政府的经济主动性和创新。自改革实施至2019年底，中国人均GDP年均增长率约为11.37%，这一显著的经济成就从侧面印证了分税制改革在促进中国经济发展和提高经济增长质量方面所做出的重要贡献。党的十九大做出了我国经济已经由高速增长阶段转向高质量发展阶段的判断，经济高质量发展已成为新时代中国经济发展的主旋律，而高质量发展离不开财政分权制度的保障。搞好财税体制改革以适应经济发展的新需要，是引导经济资源和社会资源的合理配置和平衡发展的重要基础（周波、李国英，2022）。党的十九届五中全会提出了2035年人均GDP达到中等发达国家水平的目标，这一目标暗示着中国需要在15年内实现经济规模的翻倍（刘伟、陈彦斌，2021），要实现人均GDP从2023年1.27万美元增长到2035年2万美元的目标，平均年增长率需要达到大约3.86%，这对经济的高质量增长提出了新的要求。在此背景下，债务占GDP的比例成为评估经济健康的关键指标，债务规模的相对稳定性，配合GDP的快速增长，有望降低该比例，从而减轻债务负担。同时，经济增长的质量愈发重要，追求高质量的增长意味着需要超越传统的基础设施建设，转向创新驱动和效率提升（金刚、沈坤荣，2019；任保平，2022）。这要求减少对土地财政和债务融资的依赖，并对财政收入结构进行调整，发展新的经济活动、业态和模式，以可持续的方式推动经济增长。因此，面对经济增长放缓和结构性转型的新常态，中央政府开始采取措施，强化对地方债务融资和城市化发展扩张的约束，力图通过政策调整和制度创新，实现地方财政的健康长远发展和国家经济的整体稳定与可持续增长。

1.2 研究意义

1.2.1 理论意义

一是对财政分权理论在经济增长质量维度上进行了深入探讨。通过引入系统广义矩估计（System Generalized Method of Moments）回归方法，考察财政分权对经济增长质量的影响机理及其门槛效应，为理解财政分权在不同经济增长质量分项上的作用提供了新的视角。这不仅挑战并补充了现有的财政分权与经济增长的理论框架，也为评价财政分权政策的效果提供了更加细致和全面的理论依据。

二是对财政分权实践的多样性与复杂性进行深入分析。中国财政分权制度的实践呈现出丰富的地域差异性和时序变化，既包括财政收入分权的调整，也涵盖财政支出责任的分配。这种制度设计的多样性和复杂性，对经济增长强度、经济增长稳定性、产业结构合理化、经济增长外向性、人力资本和生态资本产生了深远影响。在地方政府追求经济增长的过程中，如何扩充地方财力、处理债务问题，以及有效利用土地资源，直接关联到财政分权机制的效率与效果。

三是通过对地方政府债务和土地财政依赖程度的深入分析，深入探索了财政分权对经济增长质量影响的条件因素，进一步细化了财政分权理论的应用范围，这对于分析财政分权背景下地方政府财政行为在不同地区经济和财政背景下的差异化影响具有重要的理论价值，为高质量发展提供了丰富的实证证据和理论深化的可能性。

1.2.2 实践意义

一是为财政收入分权和支出分权的制定和优化提供了新的思路。通过揭示财政收入分权、财政支出分权与经济增长质量之间的关系，特别是在地方债务和土地财政异质性背景下的具体影响，本研究为政策制定者如何精准调控财政分权政策以促进经济高质量发展，提供了实证支持和政策建议。

二是通过对三类不同经济发展水平和实际财力状况地区的分析，为地方政府如何根据自身特点选择和调整财政分权策略提供了实践指南。这对于平衡地区发展、缩小地区差距以及提升地方经济增长质量具有重要指导意义，能够推动财税体制改革深化，实现区域经济均衡、可持续发展。

1.3 文献综述

1.3.1 经济增长质量的相关研究

经济增长质量的内涵是讨论经济增长质量问题的理论基础，而准确定义经济增长质量则需要充分理解和区别“经济增长数量”和“经济增长质量”两个概念。经济增长数量是指在一定时期内，一个国家或地区所生产的最终产品的市场价值总和。经济增长质量是经济数量积累到一定程度的产物（任保平，2012），是对国家或地区经济增长的综合评价。苏联学者Aliyev（1977）首次提出“经济增长质量”的概念，认为经济增长质量就是资源使用的效率。但单纯用经济增加值率和全要素生产率度量经济增长质量有很大局限性，不能全面反映资源配置的状态（魏敏、李书昊，2018）。经济增长质量不仅关注增长的速度和规模，更重视增长的方式和效果，以及增长对社会和环境的长远影响。这种观点反映了对经济发展更深层次的理解，不再将GDP增长作为唯一的衡量标准，而是强调经济、社会、环境三者之间的协调与平衡（邱冬阳等，2021）。从这个角度出发，经济增长质量的内涵可以进一步丰富。首先，它强调资源的合理利用和环境的可持续保护（刘军、边志强，2022）。这意味着在经济活动中，应采用高效能源、减少污染排放、保护生态多样性，并积极应对气候变化等环境问题。其次，高质量增长还涉及社会公平和包容性，比如通过提供均等教育机会、改善医疗卫生条件、缩小收入差距等措施（师博，2022），促进社会的整体福祉。此外，高经济增长质量也意味着在产业结构（向秋兰等，2023）、技术创新（张腾、蒋伏心，2023；于波、范从来，2022）和市场机制等方面的优化，包括鼓励高附加值产业的发展、促进技术革新和应用，以及通过市场机制优化资源配置。这样的经济增长不仅促进了短期的经济利益，也为长远的可持续发展打下了基础。关于经济增长质量的内涵界定尚未形成统一标准，狭义视角主要关注经济增长效率，而广义视角认为经济增长质量是多维度的价值评判。

在经济增长效率的视角下，众多学者在Solow（1956）的理论框架下，采用经济增加值率和全要素生产率（TFP）作为衡量经济增长质量的主要工具（钞小静、任保平，2008；孙玉阳等，2019），认为全要素生产率是提高经济增长质量的关键。殷德生和范建勇（2013）强调TFP与高质量经济增长的关系。于井远（2022）评估了税制结构优化对经济增长质量的影响，发现税制结构优化促进了包容性TFP的增长，提升了经济增长质量。曾冰（2022）利用中国30个省份2010—2019年省际面板数据，采用超效率DEA模型测算中国省域美好生活经济效率水平来反映经济增长质量水平，得出整体呈现“东高西低”“东快中缓”的结论。范欣和刘伟（2023）从马克思的生产劳动理论出发，探讨了生产劳动部门在测算TFP及其变动中的重要性。

随着中国经济增长速度放缓和资源环境问题的凸显，学界越来越重视经济、社会、环境和谐共存的高质量发展模式，此过程中，绿色全要素生产率（GTFP）因能反映地区间经济增长质量的差异和趋势而受到关注（李玲、陶锋，2012；程中华、金伟，2021）。张帆（2017）的研究强调技术进步、环境规制和金融发展对GTFP的影响。袁宝龙和李琛（2018）、武义青和陈俊先（2018）分析了技术进步和政策因素在提升GTFP中的作用。陈明华等（2018）的研究进一步探讨了GTFP在不同行业和地区的应用。冯海波和葛小南（2020）则指出R&D投入对提高经济增长质量具有显著作用，但其结构对GTFP具有异质性影响。

随着研究的深入，这种主要聚焦于“效率”来分析经济增长质量的方法，已无法全面衡量经济增长质量，其忽视了制度变迁、国民素质提高、社会福利、市场和产业结构升级、环境保护和技术创新能力等关键因素，因此有必要进一步拓宽经济增长质量研究的范围，赋予其更广义的定义。

在经济增长指标体系视角下，越来越多的研究将经济增长的过程、结果与前景考虑在内，选取不同的测度指标评价经济增长质量。任保平（2013）认为经济增长质量提升主要通过提高经济效率、优化经济结构、提高经济增长稳定性、降低生态环境污染、改善社会福利分配、提高区域创新能力，促进经济社会环境可持续增长。詹新宇和崔培培（2016）从新发展理念角度，即创新、协调、绿色、开放、共享五个方面评价了我国2000至2014年经济增长质量。丁焕峰和周艳霞（2017）将经济增长质量定义为包括创新性、有效性、稳定性、协调性、持续性和分享性六个方面。魏敏和李书昊（2018）在经济新常态背景下，从动力转变、结构优化、开放稳定共享、生态环境和谐、人民生活幸福等五个方面构建经济增长质量评价体系，分析了我国区域经济增长质量的空间分布特征。张腾等（2021）从经济结构、国民素质、增长稳定性、全要素生产率、社会福利和自然环境等六个维度来综合界定经济增长质量。但正因为不同的学者构建指标体系的视角不同，关于经济增长质量的评价结论相互之间没有可比性，结果只能是莫衷一是，众说纷纭。

1.3.2 财政分权影响经济增长质量的相关研究

1）关于财政分权内涵的研究

财政是指国家以法律和制度为依据，通过政府的收支活动集中社会资源，以履行政府职能和满足社会公共需要的经济活动（吕炜、靳继东，2021）。财政分权是财政集权的对立面，是分权的一种重要形式。全球范围内，财政分权不仅是发达国家的常态，也逐渐成为发展中国家的趋势。随着社会经济的发展，财政分权的理论研究不断深入。

在20世纪50至60年代，以Tiebout在1956年发表的*A Pure Theory of Local Expenditures*为起点，由Tiebout、Musgrave、Buchanan及Oates等人开创了财政分权理论，由此形成了一批使用标准的新古典框架分析财政分权问题的理论，被称为第一代财政分权理论。其核心观点是，在联邦制政府结构中，中央政府与地方政府应承担不同的职责，并通过分税制和转移支付等机制，将财政权力下放至地方政府。第一代财政分权理论基于公共选择理论，认为地方政府由于对当地情况的直接了解，能更有效地提供公共服务并提升资源配置效率。该理论强调地方政府间市场竞争机制的作用，通过竞争促进服务质量提升与成本降低，并认为财政自主性是地方创新与适应性的关键。然而，这一理论在追求效率过程中忽略了均等性和公平性问题，可能导致区域间发展不均衡，加剧贫富差距。此外，它建立在政府追求社会福利最大化、居民自由流动、对社区间公共服务-税收组合的完全了解等强假设之上，这些假设的局限性导致了理论的某些缺陷。例如，政府官员在考虑居民偏好时可能因个人私利而偏离原则，加之居民偏好的多样性及长短期利益不一致性，增加了政策实施的复杂性。在中央和地方政府协商转移支付过程中，谈判者的个人偏好和影响力可能导致某些地方政府或部门获得更多财力。同时“用脚投票”机制并未实现均衡，反而加剧了区域间的贫富分化。正是对这些缺陷的深入探讨和不断完善，推动了第一代财政分权理论向第二代财政分权理论的演化。

当发展中国家和转型经济国家掀起财政分权的浪潮时，这些国家在实践中遇到了新的问题和困难。实证研究还发现了一些与发达国家财政分权实践相矛盾的现象。实践中的问题急需理论来解释和解决，然而，传统理论通常采用标准的新古典主义框架，且经验研究主要基于发达国家的数据，这使得传统理论在解释发展中经济及转型经济中的新问题时面临尴尬处境。众多的文献开始探讨发展中经济及转型经济中的财政分权问题，并不断地对传统理论进行反思和修正，出现了以Weingast、McKinnon、钱颖一、Roland等为代表的使用新增长理论框架分析财政分权问题的财政分权理论，被称为第二代财政分权理论。这一理论对传统财政分权理论进行修正，主要是对标准的新古典框架的调整，更多地探讨了在信息不对称、外部性和人口非自由流动等条件下的财政分权情景。此外，经验研究越来越广泛地使用发展中国家的数据，为这一理论提供了丰富的实证支持。第二代财政分权理论构建在第一代理论之上，其独特之处在于更加强调财政政策在促进均衡发展与公平分配方面的作用。这一理论体系重视制度建设和治理结构的完善，以便提升公共服务的效率和质量。在考虑财政政策时综合考量了政治、经济、社会等多重因素，旨在推动全面发展和社会稳定。此外，该理论强调中央政府在资源再分配中的重要角色，以实现更广泛的社会目标。然而，第二代财政分权理论的实施面临着一系列挑战。首先，该理论的实施复杂性较高，需要精细的制度设计和有效的协调机制。其次，追求均衡发展的过程中可能强化中央政府的角色，这可能影响地方自治，并在不同地区间引发政策争议。此外，当公共产品存在外部性时，资源配置可能出现效率低下的问题，尤其在人口较少或规模较小的地区，难以提供全面的公共服务或实现规模效益。区域间恶性竞争的出现也是一大问题，分权可能导致地方政府通过税率和其他政策手段吸引资本，从而加剧发达与不发达地区间的贫富差距。最后，地方政府官员若因个人利益而偏离公共服务目标，或受少数利益集团控制，可能导致公共产品供给成本提高，甚至滋生腐败。

中国式财政分权是一种独特的体制安排，其根本特征在于经济自治与垂直的政治管理体系的共存，显著区别于西方的财政分权模式（傅勇、张晏，2007）。此体制下，地方政府在中央政府的广泛影响下行使财政收支的部分自由权，既不是严格法律上的分权，也不完全是自主性的财政管理，而是一种“事实性分权”（龚锋、雷欣，2010）。这一模式反映了中国特定的政治经济结构，即中央集权与地方经济分权并行无阻，地方官员虽由中央任命，却在财政管理上享有一定自主权。此体系下的财政分权既体现为中央对财税改革的决定性影响，又表现为地方政府通过内部博弈与竞争，寻求经济自主权和利益最大化的过程（马万里，2015）。这种“自上而下”的制度变迁，不同于西方那种由需求驱动的“自下而上”的改变，揭示了政治体制的特殊性和财政体系内利益最大化机制的运作（何茜华，2008）。

中国式财政分权强调了地方政府在公共政策执行和资源再分配中的角色（储德银等，2017），允许地方政府根据中央赋予的税收和支出责任，自主决定其预算规模与结构（毛捷、马光荣，2022）。这种分权旨在通过法律规范化的方式，明确中央与地方在财政收支范围内的职权（范子英、赵仁杰，2020），并通过税收分成制度等措施，实现地方财政收入的合理分配（吕冰洋、贺颖，2019）。因此，中国式财政分权不仅关注效率与公平的平衡，也试图通过地方政府的自主财政活动，推动产业结构调整和基础设施建设，以促进地方经济的增长和发展（Qian and Weingast，1997；席鹏辉等，2017）。

中国式财政分权体制展现了一种独特的权力分配与管理模式，在政治集权与经济分权的复合特性影响下形成（李齐云、马万里，2012），允许中央与地方政府间的权力与职责在财政收支和税收立法方面进行有效分配（熊伟，2019），该体系不仅促进了地方政府在中央政府的指导下进行财税政策的创新与实施，而且强化了地方政府在追求自身利益最大化过程中的积极作用。具体而言，财政分权的实质是财政权力和财政职责在中央与地方之间的转移与分工，其中地方政府被赋予了税收和支出的自主决策权，以及预算支出规模和结构的自主规划能力。这种权力的下放和职责的分配，旨在激发地方政府的活力，促进其通过财税政策的优化来推动地方经济结构的调整和高质量增长（刘尚希等，2022）。

2）关于财政分权影响经济增长质量的研究

自20世纪80年代起，在全球75个人口超过500万的发展中国家和经济转型国家中，60多个国家实施了一定程度的财政分权。然而，财政分权虽为全球普遍的制度安排，其在各国对经济增长的影响却并不相同（傅勇、张晏，2007）。

在针对发展中国家和经济转型国家的研究中，传统观点认为资本缺乏是经济增长的主要约束，但新制度经济学家们认为这实际上源于制度缺失，并将发展中国家的落后贫困归因于"制度性落后"和"制度性贫困"。俄罗斯、阿根廷和前南斯拉夫的财政分权并未带来显著的经济增长，而中国的财政分权却带来了显著且快速的经济增长。可能的原因在于，中国式财政分权体制下，中国的地方政府对经济增长起到了积极的推动作用，而俄罗斯的地方政府被利益集团所俘获（Treisman，1999），无法从扩大税基中获益，导致地方政府的"攫取之手"行为（方红生、张军，2014；马万里、李齐云，2017），未能充分释放其财政分权促进经济增长的效能。有研究指出支出分权对印度的经济增长有显著负向的影响（Jin and Rider，2022），但对多个非洲国家和经合组织国家的研究显示，支出分权和收入分权对人均GDP普遍具有显著的正向影响（Sima et al.，2023），对发达国家会呈现更大的正向影响。

财政分权对经济增长质量的影响还呈现出地区差异（侯世英、宋良荣，2020；郭然、梁艳，2022）。在优化公共支出结构和增强地方政府财政自主性方面，这有助于推动地方经济的高质量发展，尤其在中西部地区的促进作用更为显著（储德银、邵娇，2018；詹新宇、韩雪君，2018；张腾等，2021）。多数研究表明财政分权对经济增长质量呈现倒U形或非线性影响，并在90%时达到峰值，进一步的财政分权则会导致经济增长质量下降（李强、刘庆发，2021）。但也有研究得出财政分权对经济增长质量存在负向影响的结论（江红莉、蒋鹏程，2019）。

由此可见，财政分权对经济增长质量的影响是多维度、复杂且多变的。这些研究揭示了财政分权在不同经济环境和地区中对经济增长质量的多重作用，为理解其在经济增长质量中的角色提供了深入的见解。

1.3.3 地方政府财政行为影响经济增长质量的研究

1）地方政府债务影响经济增长质量的研究

在财政分权对地方债务的影响方面，国内研究普遍认为财政分权促进了地方政府债务增长（韩凤芹、蔡佳颖，2021）。一方面，“市场保护型联邦主义”分析认为，中国的财政分权制度促进了地方竞争，但也硬化了预算约束，在中央政府减少了对地方政府的财政援助的情况下，地方政府不得不减少财政赤字以在自有财力内合理地控制支出规模。另一方面，自1994年中国实行分税制改革后，地方财政收入占比下降，同时财政支出责任未减反增，造成地方政府面临财政缺口（毛捷、马光荣，2022）。由于中央集权的加强，地方政府在财政资源有限的情况下承担更多责任（傅勇、张晏，2007），而地方政府的融资方式和举债行为缺乏有效监督，导致地方债务持续高速增长（刘馨月、金兆怀，2021）。政府债务作为宏观经济调节的工具，在财政与货币政策中发挥重要作用（陈共，2020）。2008年“四万亿”刺激计划加剧了地方政府的财政赤字，使得地方融资平台逐步成为地方政府主要融资渠道（王秋石、关阵，2021）。中央政府对地方政府通过融资平台举债的态度一直不够明确，甚至说是存在一定程度上的默许的，这种做法的好处是一方面能够满足地方政府进行城市化建设的资金需求，另一方面又不会改变中央和地方之间的财政关系（何杨、王蔚，2015）。面对近年来屡次爆发的经济危机和金融危机，政府采取扩张性的财政政策以刺激经济，但这也导致地方债务迅速膨胀，从而引发了对债务扩张带来的经济后果的广泛担忧（毛捷、徐军伟，2021）。

在地方债务对经济增长质量的影响方面，地方政府债务主要通过影响经济增长效率、增长结构以及福利变化与成果分配三个层面最终影响经济增长质量（张云晓、赵文举，2023）。众多研究表明，地方债务规模的增加在支持技术创新和公共投资的同时，对全要素生产率的增长产生了积极影响（孙英杰、林春，2018；余海跃、康书隆，2020）。然而，也有研究指出，较高水平的地方债务可能对全要素生产率产生抑制效应（熊虎，2021；冀云阳、钟世虎，2022）。此外，这种影响表现出显著的门槛效应，即其影响程度随着债务水平的不同而变化，由于各地区经济发展水平的差异，这种门槛效应在不同地区表现出显著差异（缪小林、赵一心，2019）。有研究认为地方债务对经济增长质量具有正向影响（熊毅、粟勤，2022；李桂君等，2023），但也不乏有学者得出相反的结论（曹光远、张曾莲，2020；吴辉凡等，2023）。还有研究认为地方债务对经济增长质量呈倒U形或非线性影响（刘伟江、王虎邦，2018；张曾莲、方娜，2021；陈建宇等，2023；张云晓、赵文举，2023）。在对现有文献的梳理中可以发现，学者们对地方债务与经济增长的关系进行了大量有益探索，但关于地方债务对经济增长质量影响的研究相对匮乏，且暂无定论。

2）土地财政影响经济增长质量的研究

1994年分税制改革导致地方政府财政收入按比例上缴中央，同时承担更多职能，如基础设施建设和城市化推进。这迫使地方政府探索新的收入来源，其中出让土地使用权成为一种重要手段。财政分权迫使地方政府自筹基础设施建设和民生项目的资金，导致地方预算受到限制，并刺激地方政府市场化土地交易，以增加基础设施和公共物品的资金（吕冰洋、毛捷，2013）。地方政府通过征收、分配和转让土地的垄断权力来推高土地价格，使土地交易的利润成为财政支出的一个重要收入来源，推动了土地财政模式的发展（孙秀林、周飞舟，2013；郑骏川，2020）。由于财政收支两条线的管理，支出和收入分权对土地财政产生不同影响，其中支出分权加深了地方政府对土地财政的依赖（刘佳、吴建南，2015）。财政分权还加速了地方政府土地出让的速度（王梅婷、张清勇，2017），并在一定程度上导致地方政府为了增加税收而推动房价上涨（唐云锋、马春华，2017）。财政分权对土地处置及最终土地价格产生重大影响，地方政府通过推进城市土地市场化来解决财政赤字问题，但这也导致了对土地财政的过度依赖（刘红芹等，2019）。

已有众多研究肯定了土地财政在促进中国经济增长中的重要作用（岳树民、卢艺，2016；赵扶扬等，2017；刘凯，2018；孙倩等，2023）。在城镇化发展过程中政府利用土地财政收入进行基础设施建设（文竹、金涛，2022），进而促进产业结构调整并推动经济增长（夏方舟等，2014）。尽管土地财政在短期内对经济增长产生积极影响，部分研究却指出这种增长模式的可持续性存疑（陈志勇、陈莉莉，2011；周彬、周彩，2018），产生了显著的抑制效应（黄妍妮等，2017）。此外，还有研究发现土地财政对经济增长的影响呈倒U形（吴士炜、汪小勤，2017），即在初期阶段，土地财政收入的增加对经济增长有积极作用，但当收入增至一定程度后，其对经济增长的促进作用开始减弱。这一现象可能与土地财政收入增长过快导致的经济增长稳定性下降（李勇刚、高波，2013），以及生产性支出比重过高减弱其对经济增长促进作用（胡海生、刘红梅，2020）有关。进一步的研究还表明，发达地区通过土地出让收入促进地方经济增长的效果远大于落后地区。东部地区地方政府更多依赖土地出让收入，中部地区更多依赖劳动力和固定资产投资，西部地区则更多依赖国家对西部的固定资产投资。土地财政在推动城市化进程中发挥了重要作用，其中房地产开发流转环节的土地出让金为地方政府提供了基础设施建设和其他公共产品供给的财力保障（文竹、金涛，2022），吸引了投资并推动经济增长（刘志彪，2010）。地方政府依赖土地出让收入来推动辖区经济发展，已经成为中国地方政府发展的一种典型模式。大量的实证研究结果表明，土地财政收入是导致地方经济增长的一个重要原因（岳树民、卢艺，2016），地方经济增长对土地财政的依赖性强。随着经济增长，地方政府对土地财政的依赖程度加深（卢现祥、滕宇汯，2020），然而到达一定程度后，经济增长强度则随着对土地财政依赖的增加而降低（宋琪、汤玉刚，2016）。这些研究结果表明，虽然土地财政在短期内对经济增长有积极作用，但长期依赖可能会对经济稳定和健康发展带来挑战。

有研究表明土地财政对经济增长质量的正向作用在中部地区最大，

西部次之，东部最小。土地财政对经济增长质量的提升作用在短期有效，但长期无效，甚至不利于经济增长质量提升（詹新宇、苗真子，2020）。然而地方政府依靠土地出让金收入支撑其经济建设支出，在降低自身税收努力的同时助推支出结构偏向高税源行业，造成产业结构失衡、重复建设和产能过剩等问题，抑制了经济增长质量提升（储德银、费冒盛，2020）。在土地出让规模扩张过程中，地方政府低价出让工业用地、高价出让商服用地的两手供地策略造成了土地价格扭曲，进一步加剧了土地出让规模对区域高质量发展的抑制作用，实证结果显示土地出让规模与区域高质量发展呈倒U形关系（钟文等，2023）。

1.3.4 文献评析

综上所述，关于财政分权背景下地方政府财政行为对经济增长质量影响的相关研究已取得了一些有益的成果，进一步夯实了研究的理论基础，为后续的创新性研究提供了重要启示与视角，为进一步深入研究财政分权影响经济增长质量的效应提供了有益借鉴。虽然相关领域研究颇为丰富，但财政分权背景下地方债务和土地财政对经济增长质量的影响结果并不一致，故本书还需从以下三个方面进一步深入探究和拓展研究。

一是关于财政分权的内涵和实践方面的研究经历了从新古典框架的第一代财政分权理论到考虑信息不对称性、外部性等因素的第二代财政分权理论的演进，这种理论演变不仅深化了对财政分权内涵的理解，也拓展了探讨财政分权对经济增长质量的研究视角。现有文献通过揭示财政分权在提高资源配置效率、促进地方政府竞争以及增强政策适应性方面的作用，为地方经济发展提供了重要的政策启示。然而，这些研究在分析财政分权对经济增长质量具体影响机制、考虑地方债务异质性和土地财政依赖性等方面存在不足。因此，深入研究财政分权在不同经济环境和地方财政条件下对经济增长质量的影响，尤其是通过更为精细化的实证分析方法，对于优化财政分权结构、指导地方经济高质量发展具有重要的理论与实践意义。

二是关于经济增长质量的研究演进体现了学术界对于经济发展深层次理解的不断深化，从早期对增速和增量的单一追求转向结构、效率、可持续性等多维度的综合考量。这一转变不仅揭示了经济增长背后的复杂性和多样性，也映射出社会、环境与经济三者之间平衡发展的必要性。然而，现有研究在衡量财政分权对经济增长质量影响的具体机制、考虑区域差异性以及财政政策调整的长期效应等方面仍存在不足，需要进一步深化理论框架、丰富实证分析，以及探索多维度的评价指标体系，从而更全面地理解并指导财政分权与经济增长质量之间的互动关系。

三是关于地方政府财政行为对经济增长质量的影响研究展现了复杂且多面的学术视角，揭示了财政制度设计与地区经济发展之间的深刻联系。通过探讨财政分权背景下地方债务与土地财政和经济增长质量的关系，可以为优化财政体制、提升公共服务效率、促进区域均衡发展提供重要的政策启示。然而，现有研究往往依赖于静态的分析框架和有限的经验数据，缺乏对长期动态变化及其深层机制的考察，尤其是在考虑地区发展水平差异、地方债务和土地财政依赖度等因素的复杂交互作用时，研究往往未能充分揭示财政分权政策对不同地区经济增长质量的差异化影响。此外，关于财政分权与经济增长质量之间非线性关系的探讨，仍缺乏更为深入的理论基础和广泛的实证验证。

1.4 研究内容

本书围绕着财政分权对经济增长质量的影响展开，并深入阐释和实证检验了财政分权及地方债务、土地财政对经济增长质量的影响，为深化财税体制改革助力经济高质量发展提供了可行性依据。

本书的研究框架如图1-1所示。

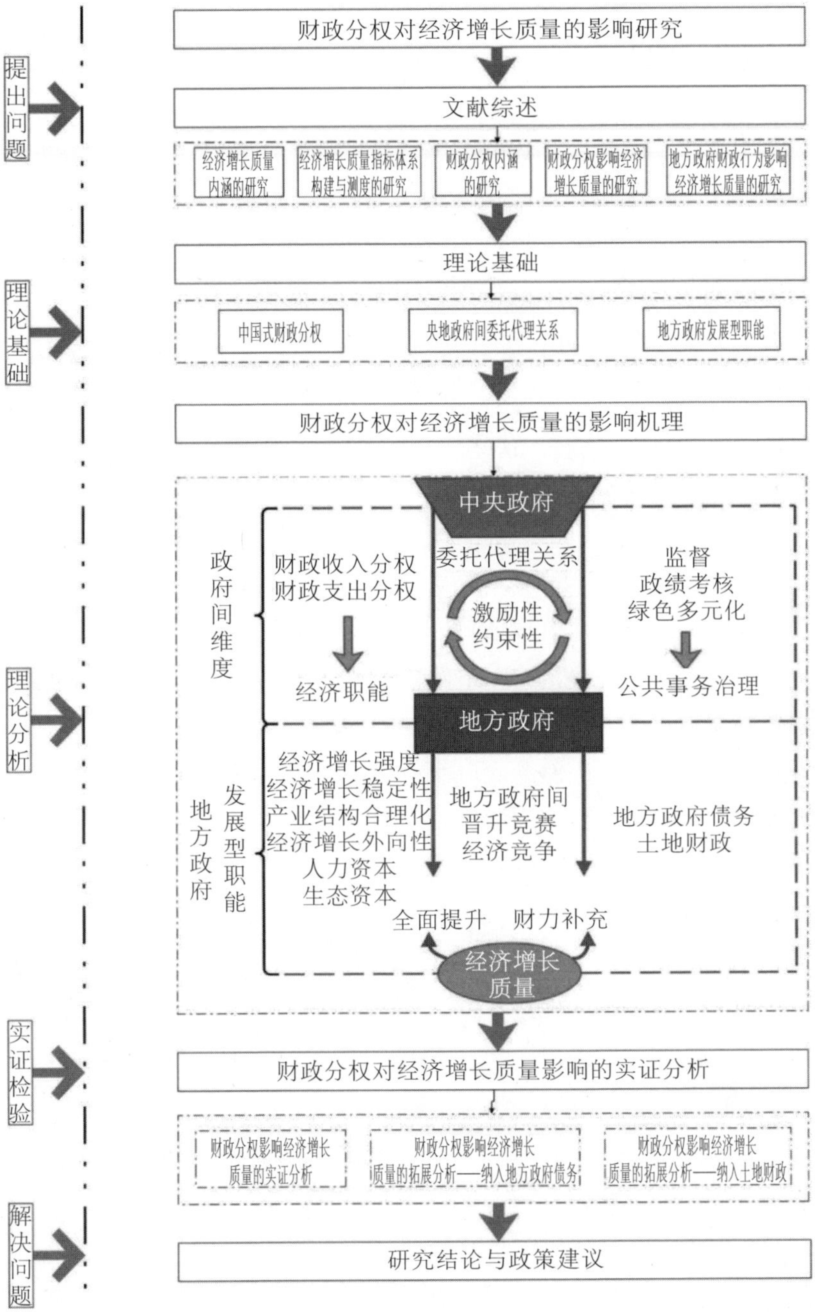
财政分权对经济增长质量的影响研究
提出问题
文献综述
经济增长质量内涵的研究
经济增长质量指标体系构建与测度的研究
财政分权内涵的研究
财政分权影响经济增长质量的研究
地方政府财政行为影响经济增长质量的研究
理论基础
理论基础
中国式财政分权
央地政府间委托代理关系
地方政府发展型职能
财政分权对经济增长质量的影响机理
理论分析
中央政府
政府间维度
财政收入分权
财政支出分权
经济职能
委托代理关系
激励性
约束性
监督
政绩考核
绿色多元化
公共事务治理
地方政府
地方政府
发展型职能
经济增长强度
经济增长稳定性
产业结构合理化
经济增长外向性
人力资本
生态资本
地方政府间
晋升竞赛
经济竞争
地方政府债务
土地财政
全面提升
财力补充
经济增长质量
实证检验
财政分权对经济增长质量影响的实证分析
财政分权影响经济增长质量的实证分析
财政分权影响经济增长质量的拓展分析——纳入地方政府债务
财政分权影响经济增长质量的拓展分析——纳入土地财政
解决问题
研究结论与政策建议

图1-1　研究框架图

1.5 研究方法

本书在进行财政分权背景下地方政府财政行为对经济增长质量影响研究时，既采用了传统的经济学研究范式，也进行了定性和定量分析、规范和实证分析以及比较分析。具体而言：

一是文献研究法和理论分析法，通过对财政分权与经济增长质量的概念进行明确界定，为研究提供清晰的分析框架。建立财政分权对经济增长质量影响的理论模型，为实证分析提供假设基础。这一阶段将深入探讨财政分权的不同维度（财政收入分权和财政支出分权）与经济增长质量之间的理论联系，为后续的实证分析奠定坚实的理论基础。

二是实证研究法，本研究对高低地方债务地区和土地财政依赖程度进行分类，分析中采用系统GMM回归方法处理面板数据，帮助理解在地方债务异质性和土地财政依赖性背景下，财政分权对经济增长质量的具体影响，为制定差异化的财政政策提供依据。考虑到财政分权与经济增长质量之间可能存在的内生性问题，系统GMM能够有效控制内生性偏误，提高估计的准确性。此方法适用于处理动态面板数据，能够充分利用时间序列和截面数据的信息，更准确地捕捉变量之间的动态关系。

1.6 创新点

本书的可能创新点体现在以下方面：

一是从政府间财政收入和财政支出分权角度阐释了对经济增长质量和各分项的理论影响机制，并实证分析了财政分权对于经济增长质量的效应和财政分权对经济增长质量各个分项的影响，以及探讨其在不同经济发展水平及实际财力状况有差异的地区之间的门槛效应。这不仅为财政分权对经济增长质量的影响研究提供了更加细化的视角，也为财政收入分权和财政支出分权的政策优化提供了重要参考。

二是采用系统GMM回归方法深入分析财政分权与经济增长质量之间的关系。系统GMM方法能够有效处理可能存在的内生性问题，提高估计的准确性和可靠性。通过这种方法，本研究不仅验证了财政收入分权和支出分权对经济增长质量的正向影响，还进一步细化了这种影响在不同经济增长质量分项上的表现，以及在不同地区财政分权影响经济增长质量的门槛效应。

三是深入探讨了财政分权影响经济增长质量的来自地方融资平台和地方土地财政的证据。通过将地方政府区分为地方政府债务负担较高和相对较低地区，以及对土地财政依赖程度较高和相对较低地区，为理解财政分权在不同经济环境和政策背景下的作用机制提供了新的视角，特别是在考虑到地方政府债务和土地财政这两个中国经济中具有重要影响的因素时。

本研究为财政分权在不同经济环境和政策背景下对经济增长质量的影响效应研究提供了新的视角。尽管未能将所有影响经济增长质量的因素纳入研究范围，本书的研究结果对于政府制定更加精准有效的财政分权政策以及促进经济增长质量的提升仍具有重要的参考价值和指导意义。

2 财政分权影响经济增长质量的理论分析

财政分权不仅涉及中央和地方政府的权责划分，更深刻地影响着经济增长质量。财政分权的制度设计旨在提高地方政府的积极性和效率，为地方经济发展提供重要的制度激励。地方政府在履行发展型职能过程中，通过制定长期规划、投资基础设施、制定产业政策等措施，积极引导和推动本地经济增长，确保经济建设与社会环境的协调发展，从而提升经济增长质量。本章将从发展型政府职能与经济增长质量关系、财政分权的激励与约束机制、财政分权对经济增长质量及其分项的影响机理和地方政府财力拓展对经济增长质量影响方面，探究财政分权对经济增长质量的理论机制和影响因素，为后续实证研究提供理论依据。

2.1 发展型政府职能与经济增长质量的关系

2.1.1 基于经济增长质量的政府职能定位

自中国改革开放以来，国民经济实现了高速增长，数量和规模的快速扩张是其最突出特征。在高速增长阶段，经济增长主要关注产品和服务的数量和规模的快速扩张，通过提高产出来解决供给不足问题。这一阶段的特征是工具性目标的强调，如收入、利润以及以货币单位核算的CDP等。然而，随着经济发展，内在矛盾逐渐显现，需求结构的不平衡成为制约经济发展的主要问题。因此，高质量发展的转型要更加注重产品和经济活动的使用价值及其质量合意性，而不仅仅是数量的增长。

从经济学理论上看，市场经济中的生产与消费活动被认为主要具有交换性质，即参与者以获取更多的交换价值（如收入、利润）为目的，以实现消费权利。然而，实际情况远比这一理论逻辑更为复杂。生产活动不仅仅是为了交换，还需要依赖外部条件，如基础设施，并且会产生经济外部性。同时，消费行为也不仅仅是权属性的，因为存在共享性消费。在市场经济中，生产活动的目的与手段常常出现角色反转，交换价值主导着使用价值。然而，随着社会的发展，人们开始重视真正的经济发展应以“享用”为主导的观念，即满足真实需求的使用价值。这意味着市场经济的目标和动力机制将发生变化，从简单追求交换价值增长转向满足人们的实质需求。在新时代，市场经济所追求的高质量发展对政府职能产生新的要求。政府需更注重经济发展的本真性质，以满足人们实质需求为导向，推动生产向更高质量、更可持续方向发展。

中国经济的增长模式依赖于政府与市场的互动，构建了一种“被引导的市场”机制。地方政府在这一机制中扮演着重要角色，通过发展型政策引导市场的发展与完善。分税制改革后，地方政府并非简单地采取民营化策略，而是通过调整发展型公共政策，由“经营企业”转向“经营城市”。在市场体制逐步完善的过程中，地方政府采取了“三个清单”（权力清单、责任清单和负面清单）的措施，刺激市场繁荣，从而培育和完善了中国的市场经济。经济发展不能仅依赖政府或只依赖市场，政府与社会互嵌才能更好地促进经济的发展。地方政府通过发展型公共政策推动地方经济的发展，促进了社会现代性的提升。随着市场和社会力量的崛起，中央政府也将来自市场、社会的反馈纳入治理机制，赋予了市场和社会一定程度上约束地方政府行为的权力。近年来，地方政府更注重与社会的互动，通过优化发展型公共政策供给、改善职能履行方式等来夯实经济职能履行的社会基础。这意味着政府应当引导产业结构的升级，推动技术创新和提升生产力水平，以提高产品的质量和使用效率。在实现高质量发展的过程中，政府仍然需要发挥市场经济的工具理性机制，但更应关注产品的使用价值方面，即供给侧的质量和可持续性。

2.1.2 提高经济增长质量的中央和地方政府职能分工

改革开放以来，中央放权改革赋予地方政府较大自主性，使其成为相对独立的利益主体。中央与地方的关系由中国特色的科层控制演变为委托代理关系，通过委托代理机制，形成了中央与地方的整体发展性模式，引导了地方政府的发展性政府行为。

一是给予地方政府自主空间的动力驱动发展型。这种发展模式在行政发包制、项目制和控制权理论中体现，强调分权、激励与考核。行政发包制通过“块块”发包提供地方政府自主空间，项目制则通过“条条”发包增加其自主权，而控制权理论则分离了目标设定、检查验收和激励分配权，进一步扩展了地方政府的自主空间。在信息不对称和制度性约束有限的环境中，地方政府在经济指标考核和竞争激励下运作。在这种强激励、弱约束的情境中，地方政府具有较大的自由裁量权，能够充分发挥其积极性和创造性，通过非正式制度履行经济职能，以追求最佳绩效。这种分权改革不仅赋予地方政府自主空间，还激发其通过与上级政府的博弈来强化自身的发展。最终，地方政府在分权、激励与考核的框架下，积极寻求动力，推动地方经济发展。

二是规定地方政府明确责任的压力倒逼发展型。地方政府在发展过程中受到明确责任和压力倒逼的驱动，这种发展模式体现在压力型体制、行政包干制和目标管理责任制等理论假说中，这些假说均包含分权、约束与考核要素，尤其强调后两个要素。压力型体制强调地方政府在任务分配中层层加码和压力传递；行政包干制则强调地方政府将重要的发展任务转化为具体的政治责任，由个人承包；目标管理责任制则通过目标分解，逐级签订责任书来实现责任落实。地方政府在这种弱激励与强约束的任务环境中，通过责任压力倒逼的方式，并以“一票否决”

的考核机制来保障，从而迫使自身在履行经济职能时采取强硬手段，将责任和压力在科层链条中演绎到极致，体现出地方政府强烈的发展取向。地方政府通过明确任务分配和严格考核，确保对下级政府的控制，以强化自身发展，最终在分权、约束与考核的框架下，推动地方经济的有效发展。

行政职能履行本质上涉及行政组织的构建与运作，是行政组织话语的元叙事。因此，中央和地方政府在提高经济增长质量方面各自承担着不同的职能，其分工涵盖多个方面。中央政府根据国家整体需求和宏观经济形势统筹各项政策，涵盖货币政策、财政政策和产业政策等，确保其一致性和有效性。通过货币政策控制货币供应量和利率水平，以影响总需求和通货膨胀；通过财政政策调节政府支出和税收，以优化资源配置；通过产业政策引导产业结构调整和技术创新，以提升经济增长的质量和效率。地方政府则需根据自身资源禀赋和区域特点，积极落实中央政策，灵活运用政策工具，主要负责基础设施建设、区域经济发展和产业布局，推动地方经济健康发展。通过基础设施投资，地方政府改善生产要素配置，完善交通和能源等基础设施，提升区域经济竞争力和吸引力。通过优化产业布局和引导产业升级，推动经济结构转型，提高地方经济增长的质量和可持续性。这种分工与协作的模式不仅揭示了中央和地方政府在经济增长质量提升中的角色和功能，还为理解中国的经济发展模式提供了新的视角。

2.1.3 地方政府职能来源——委托代理关系

委托代理关系的理论基础最早由Ross（1973）提出，旨在解释一种特定的经济交易模式，其中涉及两方：委托人和代理人。这种关系定义为，通过契约安排，一个行为主体（委托人）授权另一个行为主体（代理人）代表其做出决策，目的是实现委托人的利益最大化。此理论框架强调的是基于契约的决策权授予机制，其中包含了权力的授予、责任的分配与利益的追求。委托代理关系的核心问题在于信息不对称和利益冲突。信息不对称意味着代理人相对于委托人拥有更多的信息，而利益冲突则来源于双方可能追求不同的目标。委托代理理论试图探索在此背景下，如何通过设计合理的激励机制和监督措施来确保代理人的行动能够符合委托人的最佳利益。具体而言，委托代理理论致力于研究如何构建最优契约，旨在解决以下两个主要问题：一是如何通过契约激励机制正向促使代理人积极行动，以达到委托人的目标。二是如何通过设计有效的监督和约束机制来避免代理人的不良行为，从而保护委托人的利益。这要求委托人在设计契约时，既要考虑如何通过奖励来激发代理人的积极性，也要考虑通过惩罚机制来预防代理人的潜在负面行为。地方政府既作为中央政府的代理人执行上级政策，同时也作为独立的决策主体追求地方利益，体现了其职能的复杂性与多维性。地方政府职能的核心来源，既包括中央政府下放的权力和责任，也涉及地方在自身特定领域内的自主权。这种权力与责任的下放，旨在提升政策的适应性与效率，通过更贴近民众的治理层面来更好地反映和满足地方需求。

然而，委托代理也引发了一系列问题，特别是在监督、激励与责任承担方面的挑战。中央与地方政府之间的关系核心在于设计有效的激励与监督机制，以确保地方政府能够在执行中央政策的同时，兼顾并优化地方利益。这要求中央政府不仅要精确界定地方政府的职能范围和自主权限，还需要通过财政转移支付、政策指导、绩效考核等手段，形成一个既促进地方政府积极性，又能够有效监控其行为的治理框架。地方政府在这一框架下，面临着将中央意图与地方需求相结合的复杂任务。其多重身份、多元目标和利益诉求的平衡，不仅要求其具备高效的政策执行力，还要求其在地方特色和需求的基础上进行创新与适应，从而在提升地方治理效能的同时，确保符合中央政府的总体战略。

地方政府比上级政府更了解本地公共产品需求、资源禀赋及行政体系的社会治理能力等信息，然而在现行的人事集中权力体系下，上级政府对于下级政府官员，尤其是关键领导岗位的任免具有决定性权威，其评价直接关系到地方政府官员的职业晋升。因此，面对上级政府的权威和考核机制，地方政府在经济和社会发展目标的制定与执行过程中，往往倾向于追逐上级政府的偏好，而非专注于最大化地方公众利益。这种行为模式不仅反映了地方政府的机会主义倾向，而且揭示了一种战略性的顺从行为，即通过对上级政府意图的预判和满足，来谋求地方领导人个人及其团队的政治利益。这种地方政府“应声虫”现象在本质上是一种策略性调整，旨在通过对上级政府需求的敏感响应，来优化地方政府及其官员在政治体系中的位置和晋升机会。然而，这可能导致地方政府在政策制定和执行上的短视与偏差，忽略长期利益和地方发展的可持续性。

改革开放以来，以经济增长为核心的政绩考核制度促使地方官员之间形成了一种“晋升锦标赛”式的竞争激励机制（周黎安，2007）。在这种背景下，地方政府作为代理人，其行为常常偏离了旨在最大化地方社会福利的目标，转而追求短期政绩的最大化。地方政府的这种行为模式主要体现在投资大型项目、实施重大工程和从事高额投资活动上，以此来快速推动经济发展，创造显著的政绩。这类项目通常为“资源密集型”，需要大量的财政支出，而地方政府的财政能力往往难以承担这些支出，从而陷入财政困境。由于存在委托人与代理人间的信息不对称问题，加之上级政府和公众对地方政府行为的有效监督受限，地方政府可能通过融资平台等手段，从预算外渠道筹措资金，展现出财政机会主义行为。这种财政机会主义不仅突破了预算约束，而且忽略了长期的社会福利最大化，导致地方债务累积和财政风险加剧。

2.2 财政分权影响经济增长质量的激励约束机制

改革开放以来，中央政府在以经济建设为中心的指导思想下不断调整制度安排，旨在提高地方政府履行经济职能的积极性，从而夯实国家经济职能的组织基础。与企业不同，政府因其公共性、多维目标、任务冲突以及绩效难以衡量等特点，使得政府激励成为治理中的一大难题。中央政府通过“组合拳”策略，即约束与激励相结合的方式，为地方政府的经济职能履行提供了保障。中央政府能够在多重目标和任务冲突的情况下，提升地方政府的积极性和效率，从而实现整体经济快速发展。本书进一步研究地方政府在不同经济背景下的约束和激励机制，透视地方政府间产生的竞争和协作，从而推动区域经济的高质量增长。

2.2.1 中国财政分权制度安排

中国财政分权体制与西方不同，展现了明显的中国特色。建立和完善中国式财政分权体制是推动中国特色社会主义现代化的重要组成部分，也是中国发展道路的重要体现。本书重点研究中国式财政分权对经济增长质量的影响和作用机制，因此清晰描述和阐释中国式财政分权的特征具有重要意义。中国式财政分权体制主要呈现以下特征：

一是政治集权与经济分权相结合。中国式财政分权最典型的特征是经济上的分权与垂直化的政治管理体制并存（马万里，2015）。重大改革由中央进行顶层设计，由上而下推行。这种模式与西方联邦制体制有明显区别。中国式财政分权与行政管理体制密不可分，各级官员“对上负责”，中央政府对地方政府主要官员进行考核和任免。在此体制下，地方政府及其官员为谋求更大的资源支配权和更好的职位，极易出现“政治锦标赛”动机。同时，地方政府经济分权和财政自主权的扩大，促进了区域经济的发展（杨志安、吕程，2021）。

二是税收立法权和征管权高度集中。税收立法权和征管权高度集中是政治集权的结果。在计划经济体制下，税收征管权与立法权均高度集中；改革开放后，税收征管权下放，但随着税收征管手段现代化，国税、地税再度归一。中央始终掌握税收立法权，可以通过立法形式确定征税要素，这表明中央始终强化对收入内容和收入规模的决定权。2018年推进的国税和地税征管体制改革，进一步强化了中央对财政收入征缴的掌控力。

三是推进政府间事权与支出责任相匹配。分税制财政体制改革后，中央政府对财力的集中得到强化，地方财政越来越依靠中央转移支付和专项补助。2018年开始的中央与地方事权和支出责任划分改革，旨在推进财力和事权与支出责任的匹配，使各级政府的支出责任有与之匹配的财力作为保障。这一改革确保中央权威的贯彻，同时合理配置地方政府事权和支出责任，激励地方政府主动作为，提升公共服务供给水平和保障能力。

四是实现共同富裕的重要目标。回顾我国财政分权改革的历史进程，中国式财政分权具有典型的中国特色。随着中国式现代化进程的推进，财政分权体制必将继续改革、演进和完善。中国式财政分权服务于中国式现代化的总体目标，同时，内嵌于中国式现代化的共同富裕目标，也必然是财政分权及公共财政政策的政策取向。党的二十大报告中强调了“共同富裕是中国特色社会主义的本质要求”，中国式财政分权体制的重要目标是推进实现共同富裕。

中国式财政分权体制在政治集权与经济分权相结合、税收立法权和征管权高度集中、推进政府间事权与支出责任相匹配等方面具有独特特点。这一体制不仅有效促进了区域经济发展，还为实现共同富裕提供了制度保障。随着中国式现代化的不断推进，财政分权体制也将不断改革和完善，以更好地服务于中国特色社会主义现代化的总体目标。

2.2.2 财政分权制度设计的约束机制

财政分权制度的有效性核心在于中央政府所制定的制度对地方政府行为的影响及塑造能力，有效的制度安排通过调整参与主体间的关系和利益追求，促使地方政府行为符合制度约束（吕冰洋、陈怡心，2022）。制度有效性涉及制度本身、行为主体以及特定环境三者间的相互适应程度，其关键在于制度执行方的执行力度是否能够达到制度设定的预期目标，从而体现制度安排的实际成效（渠敬东等，2009）。

从地方政府职能的角度来看，财政分权制度的有效性依赖于制度设计与地方利益的一致性、制度设计的合法性、强制性权威的行为界限设定以及转移支付的调节功能。有效的财政分权制度应符合地方政府的多元利益需求，通过提供与地方政府目标一致的路径，增强地方政府的遵从性。财政制度的合法性为地方政府提供了稳定的发展预期，确立了财政秩序和行为规范，使地方政府在追求利益的稳定保障及其增进的潜在可能性时，更加信任和遵从该制度（石佑启、杨治坤，2018）。此外，财政制度背后的强制性权威设定了刚性的行为界限，使地方政府在中央政府的压力下趋向于遵循制度，提升了制度的合法性和有效性（周尚君，2021）。转移支付制度在缓解财政纵向失衡方面发挥了关键作用，通过大规模的转移支付，中央政府调节地方政府的收支平衡，防止地方政府采取低效或不公正的财政政策，促进经济社会的发展（刘尚希、李敏，2006）。

从经济增长事责的角度来看，财政分权的约束机制通过激励相容、财政激励与地方自主性的增加，税收分成与预算收入关联以及潜在负面影响的控制，实现了经济增长与地方政府利益的协调。适度的财政分权调动了地方政府发展的积极性，通过设计适当的激励机制，促使地方政府由经济发展的旁观者变为推动者（赵为民、李光龙，2016）。财政激励机制通过调整政府间财政收入与自主权力的分配，鼓励地方政府扩大税源和财政收入，提升经济发展的积极性。中央通过税收分成机制，将地方政府的预算收入与其生成的财政收入直接关联，鼓励地方政府积极促进经济增长，并通过财政奖励政策对达成中央计划目标的地方政府及官员进行奖励，创建财政收入增长与激励强度的正相关性（傅勇，2008）。然而，财政分权体制在维持权力和权威稳定性的同时，也面临一些未预期到的结果，如地方政府在执行过程中可能出现偏差，导致激励扭曲和行为异化，侵蚀了正式制度，阻碍了国家治理现代化进程（吕炜、王伟同，2021）。

2.2.3 财政分权制度设计的激励机制

财政分权制度设计的激励机制被认为是推动地方政府履行职责、提升经济发展水平的重要手段。从行政、经济和财政分权的角度出发，以及从委托代理、经济增长事权和晋升激励的视角探讨，有助于深入理解财政分权制度在激发地方政府活力、促进经济发展中的作用与机制。

从央地政府间委托代理关系角度看，中央政府通过合理分配财政权力和资源，引导地方政府实现经济发展目标。适度的财政分权激励机制使地方政府不仅是政策执行者，更成为经济发展的推动者。通过税收分成和财政奖励等方式，将地方政府的预算收入直接与其经济绩效挂钩，促使地方政府积极探索新的收入来源，优化财政支出结构，提高公共服务质量与经济效率（乔宝云等，2014）。同时，中央政府设计了一系列激励与约束机制，包括财政奖励政策、转移支付制度和财政绩效考核体系，以确保地方政府的行为符合国家整体经济目标。转移支付制度通过专项资金和一般性转移支付，帮助地方政府，特别是欠发达地区政府平衡财政收支，从而实现全国范围内的协调发展（刘尚希、李敏，2006）。

从地方政府经济增长事权角度看，财政分权体制赋予地方政府更多的经济决策权和财政自主权，使其在经济发展中发挥更大作用。地方政府在财政分权体制下，获得了更大的自主权，可以根据地方实际情况制定经济发展战略和政策。地方政府通过税收分成和自主财政预算，拥有了更多的财政资源和自主支配权，可以更好地应对地方经济发展的需求，优化财政支出结构，提高公共服务质量（傅勇，2008）。此外，中央政府通过转移支付制度，调节地方财政收支平衡，支持欠发达地区发展。专项转移支付确保资金的专款专用，有效防止地方政府因财政紧张而忽视民生建设，而一般性转移支付则通过增加地方财政收入，支持地方政府提供公共服务，促进区域均衡发展（刘尚希、李敏，2006）。

从地方官员晋升激励角度看，在中国的政治体制中，地方官员的晋升激励机制与其经济绩效密切相关，这一机制对地方经济发展产生了重要影响（安然，2013）。中央政府通过设立明确的经济绩效考核标准，将地方官员的晋升与其在任期内的经济发展成果紧密联系在一起。这种晋升激励机制鼓励地方官员积极推动经济增长，以获得更高的政治地位和职业发展机会（袁建国，2014）。地方官员在相互竞争中，通过实现更高的经济绩效，获得中央政府的认可和奖励。政治锦标赛机制不仅激发了地方官员的工作积极性，还推动了地方经济的快速发展（赵为民、李光龙，2016）。然而，这种机制也可能导致过度追求短期经济增长，忽视长期可持续发展和社会公平。中央政府通过传递政策优先性和政治压力，强化了地方政府对中央政策目标的遵从和执行，确保地方政府在追求自身利益的同时，不偏离国家整体发展方向。

尽管财政分权的激励机制在一定程度上促进了地方经济发展，但也存在潜在的负面影响。地方政府在追求自身利益的过程中，可能出现行为偏差和激励扭曲。例如，为了增加财政收入，某些地方政府可能采取不合理的税收政策或过度开发资源，忽视环境保护和社会公平（吕炜、王伟同，2021）。这种行为偏差不仅损害了地方经济的可持续发展，还可能引发社会矛盾和民生问题。财政分权体制在一定程度上加剧了区域发展不平衡，经济发达地区由于拥有更多的财政资源和自主权，能够更快地推动经济发展，而欠发达地区则可能因缺乏资源和支持，难以实现快速发展。地方政府为了争取更多的财政资源和政策支持，可能出现过度竞争和机会主义行为，导致地方财政负担加重，甚至出现恶性竞争（徐婷、李祥云，2018）。这种行为不仅浪费了公共资源，还可能引发地方之间的矛盾和冲突。因此，需注意防范激励机制可能带来的负面效应，以确保财政体制的良性运行和国家治理能力的持续提升。

2.3 财政分权对经济增长质量的影响机理

财政分权作为一种重要的财政制度安排，旨在将财政决策权和财政资源的使用权下放给地方政府，以促进资源的有效配置、提高政府服务的质量，进而影响经济增长的质量。经济增长质量的提升不仅体现在经济增长强度上，还包括经济增长稳定性、产业结构合理化、经济增长外向性以及人力资本和生态资本的有效利用等方面。

2.3.1 财政收入分权对经济增长质量的影响

财政分权制度设计中的核心是财政收入分权，其结果直接影响地方政府的财政自主权和经济治理能力。随着改革开放的深入，分税制改革和相关政策调整逐步赋予地方政府更多的财权和事责，这不仅提升了地方政府在财政管理和公共服务供给方面的自主性，也在促进区域经济发展和社会稳定中发挥了重要作用（吕冰洋、台航，2019）。然而，收入分权的复杂性和多样性也带来了诸多挑战，需要从多个角度进行深入分析和探讨。

从地方政府可支配财力的角度来看，通过分税制改革，地方政府获得了一定比例的税收分成和自主财政收入来源。这种安排使地方政府在财力上拥有较大的自主权，增强了其财政独立性和管理灵活性。具体而言，地方政府通过地方税收、非税收入、地方债务、土地财政等渠道，获取财政资源，用于地方公共服务和基础设施建设。中央政府通过一般性转移支付、专项转移支付和税收返还等机制，调节地方财力的不均衡，确保区域间基本公共服务供给的均衡性。一般性转移支付主要用于弥补财力较弱地区的资金缺口，专项转移支付则针对特定项目或政策目标，提供额外的财政支持。这种财力分配机制不仅促进了区域间经济社会发展的平衡，还提高了财政资源的整体利用效率（郝春虹等，2022）。

从地方政府经济增长事权的角度来看，地方政府被赋予了在地方经济发展、招商引资、基础设施建设等方面的权力。这种经济分权激励地方政府积极推动区域经济增长，优化资源配置，提高生产效率。地方政府可以根据当地实际情况，制定和实施经济政策，吸引国内外投资，推动产业结构调整和技术创新（王垒等，2019）。地方政府在基础设施建设方面的自主权，使其能够根据地方需求，建设交通、能源、通信等基础设施项目，改善投资环境，提升居民生活质量。通过这些措施，地方政府不仅促进了地方经济的繁荣和可持续发展，还在全国经济增长中发挥了重要作用。此外，地方政府还承担着环境保护、社会保障和公共服务等方面的职责，通过实施有效的政策和措施，提升公共服务水平，增强居民的幸福感和获得感（陈晓原，2014）。

从事权与事责匹配性的角度来看，确保财政分权制度有效运作的关键在于各级政府事权与支出责任的明确界定。中央政府通过立法和政策，明确各级政府的事权范围和责任分担，确保各级政府在其事权范围内有足够的财力保障，从而有效履行其职责。具体而言，中央政府通常负责国防、外交和宏观经济等全国性事务，而地方政府则处理直接面向公众、具有地方特色的事务，如基础教育、公共卫生、城市规划等。中间层级政府在事权与事责划分上面临更大挑战，容易引发政府行为的异化。理想情况下，某项公共事务的执行权由哪一层级政府持有，该层级政府就应承担相应的财政支出责任。如果多个层级政府共有执行权，则应共同承担财政责任，并适当分配各自的支出比例。当某层级政府将执行权委托给其他层级时，委托方应确保将相应的财政资源转移给受托方。通过构建事权与支出责任相匹配的制度，可以有效规范中央与地方政府的职责范围和权力边界，促进政府职能的高效和公正执行。这种制度既限制了上级政府利用其权威推诿责任的行为，也使下级政府能够针对上级政府指派或委托的财政事项要求必要的财力支持，从而确保公共服务的稳定和持续提供。

2.3.2 财政支出分权对经济增长质量的影响

财政支出分权的制度设计与地方政府的事权、事责紧密相连。财政支出的目标和用途由各级政府的事权范围确定，同时，财政支出也与政府承担的事责直接相关，各级政府根据承担的事责确定财政支出的额度和范围，保障事责的顺利履行。财政支出分权与事权、事责之间形成了紧密的关系，促进了地方政府事权和事责的有效落实，提升了地方政府的财政自主权和责任意识。

从自由裁量空间下支出偏向的角度来看，地方政府在财政支出上享有一定的自主权，可以根据地方经济和社会发展的实际需求进行调整。这种自主权使地方政府能够灵活应对区域发展的不确定性和多样性，优化财政资源配置（詹新宇、刘文彬，2020）。然而，自由裁量空间也可能导致支出偏向问题，地方政府可能倾向于将更多资源投入短期内可见的基础设施建设和经济发展项目，而忽视长期性、公益性的社会保障和公共服务领域。这种现象可能导致公共服务的质量和覆盖面不足，增加社会不公平。为了防止这种情况，中央政府通过制定预算管理制度和实施财政监督机制，确保地方政府的财政支出能够在经济发展和社会保障之间取得平衡。

从地方政府经济增长支出责任的角度来看，地方政府承担着推动区域经济发展的主要责任。地方政府在基础设施建设、产业升级、科技创新等方面的支出，对于提升区域经济竞争力和实现可持续发展具有重要意义。例如，地方政府可以通过财政支出支持交通网络、能源供应、信息通信等基础设施项目，改善投资环境，吸引企业落户，促进经济增长。同时，地方政府还需要在教育、医疗、环境保护等领域进行投入，为经济发展提供坚实的社会基础和良好的生活环境。地方政府的经济增长支出责任，不仅体现在直接的经济项目投资上，还包括提升公共服务质量和社会福利水平，以促进经济与社会的协调发展。

2.3.3 财政分权对经济增长强度的影响

经济增长强度直接反映了地区经济增长的速度和规模，是评估地区经济增长质量的基本尺度（王素素、卢现祥，2023）。财政分权通过提升地方政府的资源配置效率、优化激励机制以及增强政策的区域适应性，显著提升了地区经济增长强度。

财政收入分权显著提升了地方政府在资源配置上的效率（李青原等，2023）。通过赋予地方政府更大的税收自主权，财政分权使得地方政府能够根据本地实际需求和特点，制定和实施更符合本地经济发展需求的财政政策（刘滨，2023）。这种增强的自主性允许地方政府将财政资源更有效地分配至关键领域，比如基础设施建设、教育投资和卫生服务，这些领域的投资不仅提升了边际产出，也促进了地方居民的生活质量和劳动生产率的提升。在中国的经济背景下，这意味着能够更有针对性地支持区域创新和技术升级，从而促进地区经济增长强度的提升（邓晓兰等，2023）。此外，财政分权通过优化地方政府的激励机制，进一步促进了经济增长强度的提升（付敏杰、张平，2022）。在较高程度的财政分权体系中，地方政府通过提升地区经济表现来增加其财政收入，促使地方政府官员更注重经济增长，采取有效措施提升地区经济的竞争力（孙超、刘金东，2022）。这种财政分权下形成的“竞争-创新”机制促进了地方政府间的积极竞争，激发了地区经济的活力和创新潜力（王欣亮、刘飞，2021），以此提升地方经济增长强度。然而，收入分权也可能导致地区间经济发展的不平衡。经济基础较强、税基较大的地区能够通过收入分权策略吸引更多的投资和人才，加速经济增长，而经济较弱的地区则可能因为税收基础薄弱而难以获得足够的财政收入来支持本地经济的发展。此外，地方政府在追求税收增长的过程中，可能过分侧重于短期经济增长，而忽视了环境保护和长期可持续发展的需要。

财政支出分权将财政支出的决策权和责任下放至地方政府，地方政府有权根据地方的经济状况和公众需求自主决定财政资金的分配方向和规模。这一机制有效提升了财政支出的效率与针对性，因为地方政府对本地区的经济条件与民众需求有更为直接的理解与认识。地方政府得以依据地方经济特征和发展战略，优先投资于对地方经济增长最为关键的基础设施项目或公共服务领域，从而促进经济的增长与发展（周婷婷、马芳，2021）。在中国经济发展的不均衡背景下，支出分权强化了地方政府在制定和实施符合本地发展特色和需求的经济政策上的作用（李永友等，2021）。地方政府可通过制定特定优惠政策吸引关键产业投资，或调整税收政策以鼓励企业创新，精准地促进地区经济的增长（宋丽颖、张安钦，2021）。这种策略的针对性不仅增强了地方政府资源配置的效率，也优化了激励机制，促使地方政府更加重视经济增长的质量与持续性，进而有助于提升地区经济增长强度，并保障经济发展的可持续性与长期稳定。支出分权进一步增强了地方政府在公共资源管理中的责任感与透明度。地方政府的财政支出决策直接影响其政绩和民众福祉，促使其在财政支出上更加注重效率与绩效，避免资源的浪费与不当使用，促进了经济资源在更广泛领域内的合理分配和利用，提升了经济增长的质量与效率。然而，支出分权机制也伴随潜在风险。缺乏财政纪律和有效的债务管理机制的地方政府可能引发财政赤字和债务累积，威胁地方乃至国家经济的稳定性。此外，追求政绩的地方政府可能过度投资于高风险或长周期回报的项目，影响财政的可持续性和经济增长的稳定性。因此，支出分权的实施需谨慎平衡，以确保财政健康与经济增长的稳健性。

总体而言，收入分权和支出分权通过不同途径影响中国的经济增长强度，它们既提供了提升经济增长速度和质量的机会，也带来了一系列挑战和风险。因此，合理设计和有效管理财政分权制度，平衡地方政府的经济发展动机与中央政府的宏观调控需求，对于实现高质量经济增长至关重要。

2.3.4 财政分权对经济增长稳定性的影响

经济增长稳定性是实现产业全球化、促进技术创新和提高市场竞争力的关键（陈凤兰等，2022），其有助于推动经济结构优化和可持续发展（杨万平、李冬，2022）。财政分权在提高地方政府自主性的同时，也带来了地方政府财政收入波动性的增加、财政预算制定过程的复杂化以及财政政策反应与债务风险的加剧，从而对地区经济增长的稳定性产生负面影响。

财政收入分权制度在增强地方政府税收自主权的同时，加剧了地方财政收入与宏观经济波动之间的联系（刘穷志等，2021），特别是对经济周期敏感的税种，如土地出让金和房产税（赵永辉等，2019）。这些税收的波动性在中国房地产市场和土地财政密切相关的背景下格外显著，导致经济扩张期间税收增加，而在经济衰退时税收减少，从而引发地方财政收入的剧烈波动。这不仅影响地方政府公共支出的连续性和稳定性，而且对地区经济增长的稳定性构成挑战（周佰成、李天野，2023）。财政收入分权促进了地方经济自主性和激励性，鼓励地方政府优化投资环境和促进经济增长，但也可能导致过度依赖一次性收入来源，忽视经济的长期稳定发展。此外，该制度加剧了地方间的财政竞争，虽有助于提高政府运作效率和促进经济增长，但也可能引发地方保护主义，限制商品和劳动力流动，影响国家经济的整体稳定。同时，财政收入分权还加深了地区间经济差异，资源富裕地区得以进一步发展，而资源贫瘠地区则面临发展障碍，这种不平衡对国家经济的整体稳定构成了挑战。因此，虽然财政收入分权在激发地方政府经济发展积极性方面具有积极作用，但其带来的财政收入波动、地方财政竞争加剧及地区经济差异放大等问题，亦需通过有效的政策调整和制度设计予以缓解，以保障经济增长的稳定性和财政体制的可持续性。

财政支出分权在中国体现为中央与地方政府在教育、医疗、社会保障及基础设施建设等关键领域的责任与权限分配。该制度赋予地方政府根据自身经济和社会需求决定财政资金的使用方向和规模的自主权，从而有效提升公共服务的匹配度和促进地方经济的发展。这种分权机制的灵活性和自主性显著提升了财政资金使用的效率，为经济增长和社会福祉提升提供了有力支撑。然而，财政支出分权亦带来了挑战与风险，包括地方政府在追求经济发展与提供公共服务时可能出现的过度借债、财政风险的增加以及对经济稳定性的潜在影响。此外，财政支出决策的高度自主性若缺乏有效的监督和约束机制，可能导致财政资金使用效率低下，甚至出现挪用和浪费现象。与此同时，支出分权扩大了地方政府在财政预算制定中的自由度（罗长林，2018），引入了预算制定过程的复杂性和不确定性（肖潇，2022），尤其是在面对财政收入波动时。地方政府往往需根据短期经济状况频繁调整财政预算（张紧跟，2019），可能忽略财政的长期可持续性。特别是在经济下行期，地方政府可能倾向于实施扩张性财政政策以缓解经济压力（付敏杰，2022），而牺牲财政预算的长期稳定性，进而增加地区经济增长的中长期不稳定性。此外，地方政府为应对财政收入波动，可能增加债务以维持支出水平（张牧扬等，2022），或采取刺激性财政政策稳定经济增长，这虽在短期内可能有效，但长期看可能加剧地方政府债务负担，限制其未来应对经济波动的政策空间（白积洋、刘成奎，2022），尤其是在面对结构性问题或外部冲击时，可能加重地区经济增长的不稳定性。

总之，财政收入分权和支出分权在推动地方政府积极发展经济、提高公共服务效率等方面发挥了积极作用，但同时也带来了地区间发展不平衡、财政风险控制等方面的挑战。因此，完善财政分权体制，建立有效的激励与约束机制，加强中央与地方的协调和监督，是实现经济长期稳定增长的关键。

2.3.5 财政分权对产业结构合理化的影响

产业结构合理化是提升地区经济增长质量的关键，能够通过优化资源配置、促进高效率和高技术产业发展，为地区经济带来持续、均衡且高质量的增长（陈海龙等，2023）。财政分权在为地方政府提供经济自主管理空间的同时，在缺乏配套的有效监管和长远的发展规划的情况下，导致地方保护主义的加强、地方政府的短视行为增加以及地区间财政竞争的加剧，由此降低了地区产业结构的合理化水平。

财政收入分权对产业结构合理化的影响表现为正反两方面的动态交互。正面影响主要通过激励、竞争与创新三大机制体现。激励机制使地方政府基于自身资源和产业优势，探索并实施本地区发展策略，促进产业结构优化与经济竞争力提升。竞争机制在地方政府间形成横向竞争关系，推动对外部资本的吸引与战略性新兴产业发展，进而促进产业结构优化升级。创新机制下，地方政府利用财政自主权支持科技创新与人才培养，为产业结构合理化提供技术与人力资源支持。然而，财政收入分权亦带来负面影响，尤其是地方保护主义的加剧与地方政府短视行为的显现。地方保护主义通过税收优惠、财政补贴及行政规制等手段保护本地企业（刘弘阳，2018；孙国锋等，2024），短期内虽能维护就业与税基，长期却导致资源配置效率降低，限制产业升级（冯娟，2021）。同时，财政分权加剧地方政府追求短期财政回报，忽略长期产业发展（吴利学，2021），偏好支持像房地产一样快速增长的产业（陈恭军，2022），忽视创新驱动与高附加值产业投资（韦志文、冯帆，2022），导致产业结构偏向短期回报（吕宏军、侯娜娜，2024），削弱产业结构合理化进程。因此，在财政收入分权推动产业结构合理化的同时，也需注意其可能引发的地方保护主义及地方政府短视行为，以平衡其正负面效应，促进经济结构的持续健康发展。

财政支出分权方面，其对产业结构合理化的正面影响主要通过提升资源配置效率、促进区域经济均衡发展以及创新与技术升级的推动作用体现。财政支出分权使地方政府能够依据本地实际需要，自主决定教育、卫生、基础设施等公共服务领域的投资重点，提高公共资源的使用效率，同时为产业发展提供必要的支撑。通过在欠发达地区加大投入，财政支出分权有助于缩小区域发展差距，促进区域经济均衡发展，并为产业转移与布局优化创造条件。此外，地方政府的财政支出自主权还支持地方产业技术改造和创新活动，推动产业结构向高技术、高附加值方向发展，促进经济增长方式的转型。然而，地区间财政竞争的加剧，可能导致资源的无效配置和产业重复建设（陆铭，2023）。地方政府在追求经济增长时，通过提供财政优惠政策吸引企业投资的竞争行为，若缺乏对本地实际产业基础和长期发展规划的考量，可能导致资源在不同地区间的错配，形成对现有产业结构的固化，阻碍产业结构的合理化进程。因此，在实施财政支出分权时，地方政府需谨慎行事，确保财政政策的设计和实施能真正服务于产业结构的优化和地区经济的持续健康发展，平衡其正负面效应，以实现经济结构的优化和升级。

2.3.6 财政分权对经济增长外向性的影响

经济增长外向性是提升地区经济增长质量的关键因素，高经济增长外向性使地区经济更好地融入全球市场，有助于实现经济的多元化和可持续发展，提升整体经济增长的质量（刘凯、刘涛，2023）。财政分权通过增强地方政府的市场适应性与创新驱动、促进地区间经济协作以及提高吸引外资和国际合作的能力，有效地促进了地区经济增长的外向性。

财政收入分权通过提高地方政府的财政自主权，赋予其更大的决策自主权和财政资源掌控能力，使其能够根据地区的实际情况和比较优势，灵活制定和调整税收政策（王云鹏，2023）。这种政策的灵活性和自主性不仅促进了地方政府快速适应国际市场变化（匡小平、熊高鹏，2023），还推动了地方经济向高附加值和高技术方向的发展，显著提升了地区经济的全球竞争力和市场融合度。特别是在东部沿海地区，通过实施税收优惠政策吸引外资企业，有效促进了外向型经济的增长（朱少东等，2023）。同时，财政收入分权还增强了地方政府吸引外资和开展国际合作的能力，地方政府通过提供各种优惠条件如税收减免、投资补贴及优化的营商环境，成功吸引外国直接投资和国际合作伙伴，进一步加深了地区经济与国际市场的融合，提升了地区的全球经济影响力与竞争力。然而，此种分权模式亦存在潜在风险，如可能促成地方政府间为吸引投资而展开的减税竞争，这在短期内虽可以刺激经济增长，长期来看却可能对公共服务质量与可持续发展造成影响。因此，财政收入分权对地方经济发展具有复杂的双重效应，既促进了经济的外向型增长，也带来了制度运行中的挑战。

财政支出分权为地方政府在公共资源配置上提供了更大的自主性，从而显著增强了其针对本地经济发展需求和民众需求的响应能力。这种增强的自主性特别体现在基础设施建设和公共服务效率的提升上，有效支持了经济增长的外向性（吴松弟等，2021）。通过财政支出分权，地方政府能够加大对关键领域如交通基础设施的投资，优化物流条件，降低运输成本，增强外向型经济的竞争力。同时，该政策还促进了对教育和科技等关键领域的投资，提升了人力资本和创新能力，进一步加强了地区经济的开放性和全球竞争力。此外，财政支出分权在促进地区间经济协作与全球价值链融入方面起到了核心作用（宋准、夏添，2021）。通过使地方政府能够根据本地发展需求有针对性地安排公共支出，该政策不仅加强了地方政府在基础设施和公共服务方面的投入，而且促进了跨区域合作，增强了地区产业的国际竞争力。这种策略有利于地区经济更有效地融入全球价值链，实现产业全球化布局，从而加速地区经济的开放性和外向性增长（李琛、赵军，2020）。然而，财政支出分权的实施也伴随着风险，尤其是当地方政府面临资源和能力限制时，可能导致公共服务供给不足或不均衡，影响到经济社会的均衡发展。

2.3.7 财政分权对人力资本的影响

人力资本是提升地区经济增长质量的核心要素，优质的人力资本能够有效促进高附加值产业的发展，加快经济结构的优化升级（王金波、佟继英，2018），为地区经济带来长期且稳健的增长。财政分权通过提升地方政府在教育资源配置的自主性、促进教育体系的创新与多样化，以及增强地方政府对人才的吸引和留存能力，有效地促进了地区人力资本的提升。

财政收入分权对于地方政府的教育资源配置和人力资本发展具有重要影响。财政收入分权赋予地方政府更大的自主性，使其能够根据本地区的特定需求和发展条件，制定并执行更为精准和高效的教育政策（高琳，2021）。这包括对基础教育、高等教育及职业教育的投资加大，旨在提升教育质量和增加居民的受教育年限，从而系统性地优化地区人力资本结构（胡耀宗、刘志敏，2019）。同时，财政收入分权也激发了地方教育体系的创新与多样化（杨海华等，2022），地方政府根据自身特色和需求，积极探索和实施适宜的教育模式和改革路径，如引入国际合作项目、发展双语教育和建立特色学校，推动教育技术和教学方法的创新。这些措施不仅满足了多元化的学习需求，而且促进了具有创新能力和国际视野人才的培养，进一步提高了地区人力资本的质量和水平。通过这种机制，财政收入分权为地方政府提供了既竞争又合作的平台，有助于实现资源的高效配置和人力资本的全面发展。

财政支出分权在中国特色的财政体系中扮演着核心角色，关键在于如何在中央和地方之间有效划分公共服务供给的责任与权力。该机制通过增强地方政府的财政自主性，直接促进了地方公共服务的供给能力和效率，特别是在教育和医疗卫生等基础设施建设领域，从而对人力资本的积累与发展产生了深远影响。具体来说，财政支出分权赋予地方政府更大的灵活性，以便根据本地特定需求和优势，制定并实施更加贴合实际的教育政策和公共卫生项目，有效提升了教育和医疗服务的质量，进而促进了人力资本的提升。此外，该分权机制还增强了地方政府吸引和留存高技能人才的能力，通过提供优质的教育资源、良好的就业机会和有吸引力的居住条件（陈旭东、王雪滔，2023），以及投资于持续教育、技能培训和职业发展项目，不仅丰富了地区人力资本存量，同时也提升了其质量和利用率。然而，财政支出分权也带来了挑战，尤其是可能加剧地区间公共服务供给的不均衡，特别是在财政能力较弱的地区，可能限制了当地人力资本的发展。此外，缺乏足够的监管和协调机制可能会导致资源浪费和效率低下，从而对人力资本积累产生负面影响。总之，财政支出分权通过提升地方政府在公共服务供给特别是教育领域的自主性和执行力，为地方经济和社会发展提供了重要的人力资源支持，同时也需要细致的制度设计和有效的协调机制来应对其潜在的挑战。

2.3.8 财政分权对生态资本的影响

生态资本对于地区经济增长质量而言，是实现绿色、可持续发展的关键指标，反映了地区经济活动的环境效率和对自然资源的负责任利用（刘燕等，2018）。财政分权通过增强地方政府在生态保护与管理中的自主性、促进对生态效率的重视以及激励环境创新和区域合作，有效增加了地区的生态资本。

通过增强地方政府的财政自主权，财政收入分权机制理论上赋予地方政府更大的自由度来根据本地区的生态资源特性和环保需求制定符合当地实际情况的生态保护政策（陈志刚、姚娟，2022）。这种自主权的提升，理应使地方政府能够采取更加灵活和创新的措施来推进清洁能源项目、减排行动以及自然生态系统的保护（卞元超等，2018），从而不仅提升了地区的环境质量，也提高了经济活动的环境效率，如通过降低单位地区生产总值对应的碳排放量，有效提升了地区生态资本的质量与可持续性。然而，实际操作中，地方政府面临的经济发展压力可能促使其在生态资源利用与环境保护中采取过度开发的行为，以追求财政收入的增长，这种做法对生态资本的可持续性构成了威胁（王军、郁智文，2022）。此外，财政收入分权还可能激发地方政府之间在环境保护标准上的竞争，某些地区可能为了吸引投资而降低环保标准，这种“竞争到底”的现象进一步加剧了对生态资本的损害。因此，虽然财政收入分权在地方政府制定和实施地区化生态保护政策方面提供了潜在的益处，但其在实际执行过程中也存在导致生态资源过度开发和环境保护标准降低的风险，需要通过精细化的政策设计和有效的监管机制来平衡和缓解。

财政支出分权对生态资本的维护与增强具有双重影响。一方面，该机制通过赋予地方政府更大的自主性，使其能够依据地方的生态环境特征和保护需求，灵活地规划和执行财政支出，特别是在生态修复、污染治理和绿色基础设施建设等关键领域。这种灵活性在理论上有利于提高生态保护和治理的精准性与有效性，从而促进经济发展与环境保护之间的和谐共存（任保平、慕小琼，2023）。另一方面，地方政府在面对经济发展目标和政绩考核的压力下，可能将财政支出倾斜于短期经济收益较高的领域，而忽略对生态资本保护和长期可持续发展的投资，进而导致资源配置不当和治理效率低下。尽管如此，财政支出分权仍激发了地方政府在生态资本管理方面的创新和区域间合作，通过投资新技术和项目（刘琼莲，2023），如可再生能源和生态农业，以及促进区域间的经验共享和技术交流，共同提高了地区生态资本的质量与效率。这不仅增强了各地区的环境保护能力，还促进了可持续发展策略的共享与执行，为整个区域生态资本的提升提供了有力支持。因此，财政支出分权既带来了对生态资本管理和保护的积极推动，也引发了需谨慎管理的挑战，指出了在这一制度执行过程中平衡与优化的必要性。

2.4 地方政府财力拓展对经济增长质量的影响

财政收入分权决定了地方财政资源的积累和分配，财政支出分权影响着地方经济发展和公共服务领域的投入质量。为满足地方政府不断增长的支出需求，地方政府通过积极扩展财源的策略，有效提升了财政收入，为地方经济的可持续发展提供了坚实的财力保障。财力的充实使得地方政府在公共服务、基础设施建设以及社会福利等方面的投入质量显著提高，从而提升了经济增长质量。

2.4.1 地方政府行为的特征

政府作为一种由个人和群体组成的特殊组织，其行为具有一般组织行为的共性。然而，由于其独特的职能目标、功能和运行方式，政府行为又不同于一般个人或组织的行为。地方政府虽为中央政府的组成部分，具备政府行为的一般特征，但在财政分权安排下，同时也表现出地方的特殊性。

一是在地方政府的公共性方面，地方政府的本质职能在于满足地方公共需求，同时顾及全国层面的公共利益，确保在提升本地区居民福利的同时不损害其他地区居民的福利水平。从政府产生发展的历史进程来看，政府的形成是为了回应公共需求，这些需求在现代社会中主要体现为提供国防、安全、交通等非竞争性和非排他性的公共商品与服务。市场经济机制本身是一个满足人们需要的良好工具，但由于其固有缺陷，市场无法创造或足量提供具有非竞争性和非排他性的公共商品和服务，同时可能过多创造具有强负外部性的商品。因此，政府作为公共利益的代表，需提供市场无法满足的公共商品，并消除市场运行中的负外部性。地方公共性既是地方政府行动的核心目标，也是其存在的基本理由，体现于提供必要的公共商品和服务以及保障社会公平与正义。

二是在地方政府的自治性方面，在财政分权制度下，地方自治性体现为地方政府拥有特定职能、承担事权，并具备相对独立的财政资源。这种安排使得地方政府不再依赖于传统财政体系的纵向关系，而是作为地方公共利益的独立代表，根据本地实际情况自主实施其职能目标。这种制度安排既促进了地方政府关注地方福利，也为其提供了对中央的制衡能力。地方政府与中央政府的关系因此转化为既合作又相互制约的模式，地方政府被赋予较大的决策自主权。同时，地方政府及其官员拥有一定程度的自治权力，可能导致利用权力进行寻租的行为。公共选择理论认为，政治家和政府官员，作为理性的经济人，其行为不应假设为完全的利他主义，因此地方政府的自利性行为主要动因包括官员追求个人利益最大化、地方政府机构追求组织利益最大化以及追求地区整体利益最大化。为平衡地方政府的自主性与自利倾向而制定合理的分权政策，鼓励地方政府的积极作用，同时限制其自利性，对促进公共利益至关重要。

三是在与上级政府的协调性方面，按照财政分权安排，通过合理的权责划分，中央政府和地方政府各自发挥比较优势，共同实现特定的政治、经济、文化和社会目标，以最大化国民福利。这要求地方政府的行为必须与上级政府协调统一，其制定的地方性政策法规需在宪法、法律或中央政府授权范围内运行。在追求地方利益时，不能背离中央政府设定的目标，并应接受上级政府和其他市场主体的共同制约和监督。

2.4.2 地方政府拓展财源的途径

在中国经济增长中，地方政府扮演了重要角色，这一度被认为是中国经济成就的关键特征。在政治集权制度安排下，中央政府掌握对地方政府官员人事任免的绝对权力，故而地方政府的施政目标更倾向于满足中央政府对其制定的政绩考核目标。自改革开放以来，中央政府的政绩考核体系虽然经历多方调整，但始终是以经济建设为核心内容，主要体现在地区生产总值的增长幅度上。因此，地方政府围绕经济建设展开横向竞争，追求更高的地区生产总值增速。在此过程中，地方政府面临的财政压力不再是传统的财政收支缺口，而是履行发展型政府职能的“投资需求”，这导致地方融资平台融资和土地出让金成为主要的补充性融资手段。

从地方政府债务的角度来看，地方政府通过隐性债务和城投公司融资等方式获取资金，以满足其“发展型”政府职能所需的财政需求。地方政府债务主要包括地方政府债券、城投公司债务以及其他形式的隐性债务（范子英，2015）。地方政府债券是地方政府发行的，用于基础设施建设和公共服务改善等方面的专项债务工具。由于具有较高的信用等级，地方政府债券吸引了大量投资者，成为地方政府重要的融资手段之一。城投公司在中国经济发展和城镇化进程中发挥了巨大作用，通过市场化主体的身份举借债务，为地方基础设施建设和经济发展提供了资金支持。然而，这种融资方式也带来了隐性债务风险和投资效率下降的问题。地方政府与城投公司之间关系的不清晰，使得城投公司承担了事实上的政府债务，导致财政风险积累。为了防范地方政府债务风险，近年来中央政府加强了对地方政府债务的监管，推行债务限额管理制度，严格控制地方政府举债规模。同时，推动城投公司转型，剥离其政府融资职能，使其更专注于城市建设、运营和更新等市场化运作（周黎安，2007）。从这个角度讲，城投转型是大势所趋，由于剥离了政府融资职能的新型城投公司对城市建设、城市运营、城市更新等仍能够发挥重要作用，因此新型城投公司仍有必要存在，对于城投不是一关了之，而是分类处置。

从土地财政的角度来看，土地出让金是地方政府的重要财源之一。地方政府通过出让土地使用权获得巨额收入，用于城市建设和经济发展。具体而言，地方政府通过拍卖、挂牌等方式出让土地使用权，获取土地出让金，用于基础设施建设、公共服务提供和地方债务偿还。然而，地方政府对土地财政的过度依赖也带来了一系列问题，如土地资源过度开发、房地产市场泡沫和环境污染。为应对这些问题，中央政府采取了严格控制土地供应计划、规范土地出让程序、加强土地市场监管等措施，确保土地资源的合理利用和可持续发展。此外，中央政府通过政策引导，鼓励地方政府探索多元化的财政收入来源，减少对土地财政的依赖。地方政府可以通过发展新兴产业、提高税收管理水平、增加非税收入等方式拓展财政收入来源（张振华，2018）。这些措施有助于实现财政收入结构优化，增强财政可持续性，推动地方经济高质量发展。

对地方“发展型”政府补充性融资选择问题的研究，在土地财政与地方政府债务之间搭起一座理论的桥梁，对于系统认识地方“发展型”政府在中国特色制度安排下的财政行为具有重要的理论意义，对于破解地方政府对土地财政的过度依赖、化解地方政府因竞争性投资冲动而累积形成的隐性债务风险则具有重要的现实意义。

2.4.3 地方政府债务对经济增长质量的影响

分税制改革后，地方政府的财政收入显著下降，这一挑战迫使地方政府寻求新的收入来源。地方政府融资平台的主要融资渠道是银行信贷和城投债。近年来，随着银行信贷风险控制的加强，贷款难度增大，城投债作为融资平台众多融资方式中最重要的组成部分，在促进地方经济发展、提升公共服务质量以及响应宏观经济调控政策中发挥了不可替代的作用，是中国地方政府债务管理与财政策略中的关键要素。城投公司自成立以来，在推动地方经济和社会发展方面发挥了显著作用。一方面，通过增加城市基础设施等公益项目投资，城投公司成为我国城市现代化建设和城镇化进程的重要推动力，截至2022年末，我国城投债余额达到约13.8万亿元，我国城市化率从2000年的36%增长至2022年的65%以上，城投公司在此过程中贡献显著。另一方面，城投公司在配合地方政府执行国家宏观经济调控任务中扮演了关键政策工具的角色。特别是在2008年美国次贷危机引发全球金融震荡后，很多城投公司应运而生，通过筹集资金与中央政府的投资相配套，扩大项目支出，有效刺激了经济增长，帮助我国较早从全球金融危机的影响中恢复。城投公司发行的城投债，作为地方政府解决资金缺口、推进公共项目建设的关键机制，其在中国地方政府债务结构中占据重要地位。城投债的发行不仅为地方基础设施和公共服务提供了稳定的资金来源，也为地方政府间接融资提供了法律和市场基础。然而，城投债作为地方政府债务的重要组成部分，其增长与管理也需在防范财政风险和保持债务可持续性之间找到平衡。在地方债务异质性的背景下，财政分权对经济增长质量的影响呈现出明显的区域差异。高地方债务地区在财政分权的框架下通过地方政府的有效债务管理与资源配置，确实能够利用地方债务收益显著提升经济增长的质量。这一过程中，尽管存在偿债压力和财政风险等挑战，但通过地方政府的审慎决策和有效监管（周世愚，2021），地方债务在推动经济结构优化、公共服务提升以及生态环境建设等方面发挥了积极作用，总体上显著提升了经济增长的质量。

一是地方债务管理与经济结构优化。在财政分权体系下，高地方债务地区的地方政府利用城投债筹集的资金，主要投向基础设施建设和重点产业发展领域（毛捷、马光荣，2022）。这一战略不仅缓解了即时的财政压力，还为经济转型和产业升级提供了关键的资金支持。地方政府能够根据地区特定的经济发展需求，优先配置资源至新能源、高科技产业和城市基础设施等领域（刘琦，2023），推动经济结构的优化升级。这种策略的实施，虽然可能带来较高的债务负担和增加财政风险，但其对于促进经济增长质量提升的正面效应是显著的（宋樊君，2018）。二是公共服务提升与人力资本积累。高地方债务地区的地方政府倾向于将债务资金用于公共服务的改善和扩展，特别是在教育、卫生和交通等基础设施领域（李一花等，2022）。这些投资直接提升了居民的生活水平和福祉，促进了人力资本的积累，为地区经济增长奠定了坚实的基础。此外，高质量的公共服务还能吸引人才和企业，进一步促进地区经济的繁荣和多元化发展（孔莉等，2023）。然而，这一策略的持续实施需要地方政府在公共投资决策上保持精准和节制，以避免过度债务负担影响未来的财政可持续性和公共服务质量（李永友、邓龙真，2023）。三是生态环境建设与可持续发展。财政分权框架下，高地方债务地区的政府也能够将债务资金用于生态环境保护和可持续发展项目（刘立峰等，2023）。通过投资于污水处理、绿化工程、新能源项目等（杨飞虎等，2016），地方政府推动了地区经济的绿色增长和生态资本的提升。这不仅有助于减少经济活动对环境的负面影响，还促进了资源效率的提高和生态环境的可持续性。在这一过程中，地方政府需确保债务资金的使用能够实现经济效益与环境保护的双重目标，避免因项目选择失误而导致的资源浪费或环境损害。

相对而言，低地方债务地区在财政分权体制下确实享有一定程度的经济管理自主权，但由于财政资源的固有约束，其在实际推动经济增长质量全面提升方面的能力受限。

一是财政资源约束与经济增长质量提升的困境。低地方债务地区虽然享有财政分权带来的策略自主性，但其财政资源相对匮乏，这直接限制了地方政府在基础设施、产业升级和公共服务等关键领域的投资能力。地方政府面临的财政资源约束，使其难以有效实施经济结构优化与转型计划，进而影响到经济增长质量的整体提升。尽管地方政府尝试通过优化财政支出结构来弥补资源不足，但这种策略的实际效果受到财政资源总量的明显制约（冀云阳、吕柃瑶，2023），难以从根本上提高经济增长质量。二是债务管理的稳健性与经济激励能力的限制。在低地方债务地区，地方政府的债务管理相对稳健，财政风险较低，理论上为经济稳定发展提供了一定的保障（吴海军，2024）。然而，财政分权下财政资源的有限性使得地方政府在促进产业发展、吸引投资及创新提升等方面的能力受限。地方政府虽努力通过稳健的债务管理保持财政健康，但在动态调整经济结构、促进高质量发展方面的实际操作能力有限（王秋石、关阵，2021），这从侧面反映了低地方债务地区财政资源约束对经济增长质量提升的制约作用。三是公共投资效率与经济增长质量的有限提升空间。低地方债务地区的地方政府在财政分权体系下，理应可以根据地区实际需求灵活调配资源，提高公共投资的针对性和效率（尹李峰、姚驰，2022）。然而，财政资源的局限性意味着即使地方政府具有较大的决策自主权，其在推动公共投资、促进经济增长质量提升方面的实际操作空间也受到相应限制。因此，虽然财政分权为低地方债务地区提供了提升经济增长质量的理论可能性，但由于财政资源的实际限制，这种正向效应在实践中展现出相对有限的特征。

2.4.4 土地财政对经济增长质量的影响

1998年实施的《中华人民共和国土地管理法》（修订）使地方政府有权管理土地出让收入（赵民、王理，2023），标志着土地财政在地方财政体系中重要地位的确立。这一变化促使“以地生财”成为解决地方财政困境的关键策略（李永乐等，2018），使得土地财政收入成为地方政府的重要资金来源。随着城市化的兴起和土地出让金制度在全国的推行，尤其伴随我国工业化、城市化进入快速发展时期，土地出让规模和收入不断增加，成为地方政府财政收入的新增长点。地方政府对土地出让金的依赖日益加深，强化了市场参与者对地价持续上涨的预期，从而形成“高地价—强化预期—激化土地拍卖竞争—地价上涨”的循环。2000年中国城市土地出让金收入不到600亿元，但到2003年增长至5 421亿元。随后，这一数字在2007年首次突破万亿元，2010年达到2.75万亿元，2020年更是高达8.41万亿元。随着房地产市场的持续升温，土地出让金收入增长迅速。高土地财政地区的地方政府在财政分权框架下，通过经济发展战略规划的前瞻性、资源配置的优化性以及社会公共服务的全面性，充分展现了其在推动地区经济增长质量全面提升方面的积极作用（谢贞发等，2017）。

一是地方政府在经济发展战略规划中的主导作用。在高土地财政地区，财政分权不仅关乎财政收入的自主管理，更关乎地方政府在经济战略规划上的自主权（陈菁泉等，2022）。地方政府能够根据本地经济实际和发展趋势，制定和实施具有地区特色的发展规划。这一过程中，土地财政收入成为了推动区域经济转型和产业升级的关键资源（刘建江等，2021）。地方政府通过精准的经济战略规划，能够确保土地财政收入投入到关键产业和领域，如高科技、现代服务业等，从而推动地区经济结构的优化升级，增强经济增长的质量。二是资源配置的优化及社会公共服务的提供。财政分权为高土地财政地区的地方政府提供了充足的财力，使其能够在基础设施建设、教育、医疗等关键领域进行有效的资源配置（余斌，2023）。这种优化的资源配置不仅提升了公共服务的质量和效率，而且间接增强了地区的人力资本和创新能力（陈永正、董忻璐，2015）。此外，地方政府还可通过改善基础设施和营商环境，吸引更多的外部投资（陈建宇等，2023），从而促进地区经济的多元化发展和质量提升。三是生态环境保护和可持续发展的推动。在高土地财政地区，财政分权赋予地方政府更多资源来投资于生态环境保护和可持续发展项目（汤旖璆等，2023）。地方政府不仅关注短期的经济增长，而且致力于实现长期的生态平衡和可持续发展。通过投资于水资源管理、大气污染治理、绿色能源等领域，地方政府不仅提升了地区的生态资本，还推动了经济增长模式向绿色、可持续方向的转变。这种转变反映了财政分权在高土地财政地区推动经济增长质量全面提升的战略价值。

然而，以经济增长为核心的政绩考核体系却与地方政府扩大土地出让金规模具有内在矛盾。地方政府通过扩大土地出让金规模，可以在短期内筹集大量资金用于投资，从而增加辖区内投资品和消费品的需求，促进相关行业扩大生产，推动经济增长。然而，土地出让金规模的扩张必然导致地价和房价的上升，这将最终增加企业和劳动者的生产和生活成本。过高的地价和房价使地方政府在吸引优质工业企业时处于不利地位，而这些企业对地区生产总值的增长、税收的稳定性、产业结构的升级和第三产业的发展都有重要影响。因此，过高的地价和房价不利于长远的经济增长。这种内在矛盾促使地方政府在供地策略上逐渐采用差异化的模式，针对不同区位、不同用途的国有土地实施不同的价格策略，一方面通过高价出让商业与住宅用地获取巨额的土地出让金收入，另一方面则通过低价出让工业用地来吸引工业企业进驻本地。

相对而言，低土地财政地区在财政分权框架下虽然能够获得一定程度的经济自主权，但由于土地财政收入的限制，其在经济发展策略的制定、资源配置的优化以及生态环境保护等方面的作用和能力相对有限，进而限制了经济增长质量的全面提升。

一是经济发展策略的局限性。在低土地财政地区，财政分权虽然提供了一定的经济自主权，但由于土地财政收入有限，地方政府在制定和实施经济发展策略时面临较大约束（郭亮，2017）。这些地区的地方政府往往难以投资于长期的产业升级和经济结构调整，而更多依赖于传统或低附加值产业来维持经济运行（罗会武，2014）。由此，尽管低土地财政地区的经济增长得以维持，但在产业升级和创新驱动方面的努力相对有限（赵祥、曹佳斌，2017），这不利于经济增长质量的全面提升。二是资源配置的效率问题。低土地财政地区的地方政府在公共资源配置上面临较大挑战。从财政分权体制下事权责任来看，分权在赋予地方政府发展经济自主权的同时，也明确了地方政府管理地区事务和发展地区经济的责任和义务（方珂等，2023）。此时，地方政府会通过调整财政支出结构以满足辖区经济发展和国家政策方针的需要。鉴于土地财政收入的重要性，低土地财政地区往往受限于财政资源，在基础设施建设、教育、医疗等公共服务领域的投入较为不足（莫长炜等，2023），影响了这些服务的质量和覆盖范围，由此，限制了地区经济增长质量的进一步提升。三是环境规制“逐底竞争”的挑战。财政分权赋予地方政府的自由裁量权可能导致其在平衡本地企业发展和吸引高产出企业入驻时出现行为异化（杨志安、吕程，2021）。具体表现为可能会降低或放宽环境规制标准。同时，周边地区为了刺激经济增长也可能采取类似的措施来保护本地企业和吸引外资企业，进而形成恶性循环的“逐底竞争”。这种现象会导致地方和周边地区环境投入的减少，削弱地方政府的环境治理能力，从而阻碍地区经济增长质量的提升。

3 财政分权影响经济增长质量的实证分析

第2章通过对财政分权制度中的激励与约束机制的分析得出结论：地方政府能够利用其独特优势有效履行发展型政府的职能，从而促进地方经济的发展与优化公共服务质量。在中国这样幅员辽阔、自然禀赋差异显著的国家，财政收入分权和支出分权对各地区经济增长质量的影响效果存在显著差异。具体而言，财政分权可以促使地方政府根据自身实际情况和资源禀赋，采取适合的财政政策和发展策略，从而优化资源配置，促进经济发展。然而，由于各地区经济基础、资源条件和发展水平不同，财政分权在某些地区可能带来积极效应，而在其他地区则可能面临一定的挑战和问题。因此，深入分析和研究财政分权在不同地区对经济增长质量的具体影响机制，对于实现区域协调发展和提升整体经济增长质量具有重要意义。本部分使用我国除港澳台地区和西藏自治区以外的30个省（自治区、直辖市）2000—2019年的面板数据，基于动态面板模型和动态面板门槛模型，考察了财政分权对经济增长质量及其分项的动态影响，并按照经济发展水平以及实际财力状况差异的划分方式，从全国和三类地区的角度，分析了财政分权影响经济增长质量的门槛效应。

3.1 理论分析与研究假设

财政分权作为提升地方经济增长质量的关键机制，在中国分税制财政体制下显著发挥了其作用。财政分权不仅提升了地方政府资源配置的效率和精确性，还优化了地方政府的激励机制，并增强了地方政策的适应性和创新性。这些因素共同作用，显著提升了经济增长质量，包括经济增长的强度、稳定性、合理化以及外向性的全面提升，同时也为人力资本和生态资本的积累与提升创造了有利条件。首先，财政分权显著提高了地方政府资源配置的效率。通过更大的税收和支出自主权，地方政府能够依据本地实际需求和特征，制定与实施更加贴合本地经济发展需求的财政政策。这种自主性的提升，使地方政府能够将有限的财政资源投向更为关键的领域，如基础设施、教育与卫生服务等，这些投资直接提升了地区的生产力水平和居民生活质量，间接促进了地方经济增长质量的提升。其次，财政分权通过优化地方政府的激励机制，激发了地方经济增长的活力。在财政分权体系中，地方政府的财政收入与地区经济表现紧密相关，促使地方官员积极采取措施提升地区经济的竞争力，如吸引外资和发展出口导向型产业。这种由财政分权引发的竞争–创新机制，有效激发了地方经济的活力和创新潜能，为经济增长质量的提升奠定了基础。再次，财政分权增强了地方政府制定与实施具有区域特色和与需求相适应的经济政策的能力。在中国经济发展不均衡的背景下，财政分权使得地方政府能够根据本地经济的具体情况，精准制定发展策略和税收政策，从而有效促进地区经济增长，提升经济增长质量。

由此提出本章研究假设，具体如下：

研究假设3–1–1：财政收入分权的提高会显著提升经济增长质量。

研究假设3–1–2：财政支出分权的提高会显著提升经济增长质量。

3.2 研究设计

3.2.1 模型设计

1）*动态面板模型的构建*

为了全面评估财政分权对经济增长质量的影响，本书构建了两个独立的动态面板数据模型。一是参考林春和孙英杰（2017）的研究，本书以财政收入分权作为核心解释变量，以经济增长质量作为被解释变量，设立了一个动态面板模型来考察财政收入分权对经济增长质量的影响，模型的具体形式如公式（3-1）所示。二是借鉴詹新宇和韩雪君（2018）的研究，本书进一步以财政支出分权为解释变量，经济增长质量为被解释变量，构建了第二个动态面板模型，模型的具体形式如公式（3-2）所示。

$$QEG_{it} = \beta_0 QEG_{it-1} + \beta_1 FD1_{it-1} + \beta_2 \ln comp_{it-1} + \beta_3 inter_{it-1} + \beta_4 \ln consum_{it-1} + \delta_i + \rho_t + \varepsilon_{it} \tag{3-1}$$

$$QEG_{it} = \beta_0 QEG_{it-1} + \beta_1 FD2_{it-1} + \beta_2 \ln comp_{it-1} + \beta_3 inter_{it-1} + \beta_4 \ln consum_{it-1} + \delta_i + \rho_t + \varepsilon_{it} \tag{3-2}$$

其中：QEG_{it}表示地区i在t年度经济增长质量的对数；QEG_{it-1}表示地区i在t-1年度经济增长质量的对数；$FD1_{it-1}$表示地区i在t-1年度的财政收入分权程度；$FD2_{it-1}$表示地区i在t-1年度的财政支出分权程度；$\ln comp_{it-1}$表示地方政府竞争；$inter_{it-1}$表示地方政府干预；$\ln consum_{it-1}$表示地方政府消费；δ_i是地区固定效应；ρ_i代表时间固定效应；ε_{it}是随机误差项。

在处理含有滞后变量的动态面板数据模型时，传统的普通最小二乘法（OLS）、固定效应（FE）和随机效应（RE）等方法往往无法避免内生性问题，这一问题主要源于模型中滞后变量的引入，可能对估计结果的准确性产生负面影响。在这种情况下，GMM方法成为处理该问题的首选策略。系统GMM方法相比差分GMM具有明显优势，主要表现在它可以利用滞后的因变量和解释变量作为工具变量，有效解决动态面板模型中由滞后变量引起的内生性问题。此外，系统GMM通过同时结合模型的差分和水平方程，可以更充分地利用时间序列的动态变化和横截面数据的稳定特征，从而提高参数估计的效率和减少偏误。为确保估计的准确性，本研究在系统GMM估计中采用了所有内生变量的一阶滞后作为工具变量，并引入了collapse选项以控制工具变量的数量，防止因工具变量过多而引起过度拟合问题。此外，为验证模型设定的合理性，本书采用了Arellano-Bond序列相关检验（AR检验）。该检验的原假设是“残差序列存在自相关”，当检验结果显示残差序列存在一阶相关而不存在二阶相关时（即P值在一阶时小于0.05，在二阶时大于0.05），则可以认为模型设定正确，适用于系统GMM估计。反之，如果存在二阶序列相关，则表明模型设定可能存在问题，不适宜采用系统GMM方法。此外，本研究还进行了Sargan检验以验证所用工具变量的有效性。Sargan检验的原假设是“所有工具变量都是有效的”。当Sargan检验的P值大于0.05时，支持了工具变量的有效性，从而增强了估计结果的可靠性。

2）动态面板门槛模型的构建

为了进一步探讨财政分权对经济增长质量的非线性影响，本书采用了动态面板门槛模型，该模型基于Hansen（1999）提出的静态门槛模型进行扩展。Hansen的门槛模型能够通过实际数据模拟来识别真实的阈值，并进行统计检验，有效克服了传统分组回归和交互模型在阈值选择上的主观性问题。此外，Hansen模型指出，分析中的变量需要严格外生，且其方法本质上是静态的。然而，静态门槛模型并不适用于处理动态数据或考虑被解释变量的历史值。为此，本书发展了一个动态面板门槛模型，该模型不仅考虑了被解释变量的滞后项，还采用GMM方法来解决变量潜在的内生性问题，从而提高估计的准确性和可靠性。在本研究中，财政收入分权（$FD1$）被设定为门槛变量，用以分析其对经济增长质量的潜在非线性影响。模型包括单一门槛模型（3-3）和双门槛模型（3-4），以适应可能存在的不同经济环境下的影响。这些模型使用示性函数I（*），根据门槛变量的实际值与预设阈值的比较结果，决定取值为1或0，从而动态地调整模型的响应。类似地，考察财政支出分权对经济增长质量门槛效应的模型见式（3-5）和式（3-6）。

$$QEG_{it} = \beta_0 QEG_{it-1} + \beta_1 FD1_{it-1} + \beta_2 \ln comp_{it-1} + \beta_3 inter_{it-1} + \beta_4 \ln consum_{it-1} + \lambda_1 FD1_{it-1} * I(FD1_{it-1} \leqslant threshold) + \lambda_2 FD1_{it-1} * I(FD1_{it-1} > threshold) + \delta_i + \rho_t + \varepsilon_{it} \quad (3\text{-}3)$$

$$QEG_{it} = \beta_0 QEG_{it-1} + \beta_1 FD1_{it-1} + \beta_2 \ln comp_{it-1} + \beta_3 inter_{it-1} + \beta_4 \ln consum_{it-1} + \lambda_1 FD1_{it-1} * I(FD1_{it-1} \leqslant threshold_1) + \lambda_2 FD1_{it-1} * I(threshold_1 < FD1_{it-1} \leqslant threshold_2) + \lambda_3 FD1_{it-1} * I(FD1_{it-1} > threshold_2) + \delta_i + \rho_t + \varepsilon_{it} \quad (3\text{-}4)$$

$$QEG_{it} = \beta_0 QEG_{it-1} + \beta_1 FD2_{it-1} + \beta_2 \ln comp_{it-1} + \beta_3 inter_{it-1} + \beta_4 \ln consum_{it-1} + \lambda_1 FD2_{it-1} * I(FD2_{it-1} \leqslant threshold) + \lambda_2 FD2_{it-1} * I(FD2_{it-1} > threshold) + \delta_t + \rho_t + \varepsilon_{it} \quad (3\text{-}5)$$

$$QEG_{it} = \beta_0 QEG_{it-1} + \beta_1 FD2_{it-1} + \beta_2 \ln comp_{it-1} + \beta_3 inter_{it-1} + \beta_4 \ln consum_{it-1} + \lambda_1 FD2_{it-1} * I(FD2_{it-1} \leqslant threshold_1) + \lambda_2 FD2_{it-1} * I(threshold_1 < FD2_{it-1} \leqslant threshold_2) + \lambda_3 FD2_{it-1} * I(FD2_{it-1} > threshold_2) + \delta_t + \rho_t + \varepsilon_{it} \quad (3\text{-}6)$$

3.2.2 变量界定和数据说明

1）变量界定

被解释变量。本章式（3-1）和式（3-2）的被解释变量是经济增长质量及其分项。本章式（3-3）至式（3-6）的被解释变量是经济增长质量。在参考Mlachila等（2017）、师博和任保平（2018）研究的基础上，本研究构建了一个涵盖经济基本面和社会成果两个维度的中国省际经济增长质量指标体系。该体系从经济增长强度、经济增长稳定性、产业结构合理化和经济增长外向性四个方面评估经济基本面，并从人力资本和生态资本两个方面评估社会成果。经济增长强度通过地区实际人均生产总值进行测量，反映产出水平的高低，指示国家和地区的富裕程度及居民生活水平。经济增长稳定性则通过增长率的变异系数的倒数来衡量，使用五年期滚动窗口计算得到，以反映经济增长的波动性。产业结构合理化通过干春晖等（2011）提出的基于三次产业和就业结构数据的泰尔指数计算方法进行评估，其中泰尔指数与1的差值用来表征经济增长的合理化水平。经济增长外向性通过净出口占地区生产总值的比重来测量，探讨经济对外部冲击的敏感度及其对生产效率的潜在影响。在社会成果方面，人力资本被视为内生增长理论中与创新和技术进步紧密相关的关键驱动因素，本章选用人均受教育年限作为人力资本的代理变量。生态资本通过单位碳排放的实际生产总值来衡量，即地方实际生产总值与二氧化碳排放量的比值，该指标反映了经济活动的绿色发展程度和对生态环境的影响。该指标逐年下降反映了节能减排技术及能源管理经验的积累，揭示其具有间接的存量性质。

由于上述6个指标具有不同的性质，直接加总后无法反映不同作用力的综合结果，本章使用“最小-最大标准化”方法将各指标原始数据转换为无量纲化指标测评值，进而赋予一定的权重加总获得经济增长质量指数。借鉴联合国人类发展指数和经济脆弱度指数，采用简单而透明的均等权重法赋值，不可否认其缺点在于权重赋值具有一定的随意性。最终，令增长基本面和社会成果的权重（α和β）均为0.5，增长基本面4个指标的权重（γ）都是0.25，人力资本和生态资本的权重（δ）各为0.5，则经济增长质量的测算方程为：

$$\text{经济增长质量} = \alpha \times \text{增长基本面} + \beta \times \text{社会成果} \tag{3-7}$$

$$\text{增长基本面} = \gamma 1 \times \text{强度} + \gamma 2 \times \text{稳定性} + \gamma 3 \times \text{合理化} + \gamma 4 \times \text{外向性} \tag{3-8}$$

$$\text{社会成果} = \delta 1 \times \text{人力资本} + \delta 2 \times \text{生态资本} \tag{3-9}$$

解释变量。本章的解释变量是财政收入分权和财政支出分权。参考林春和孙英杰（2019）的研究，本研究用人均地方本级财政收入与人均地方一般公共预算支出、人均中央公共预算收入和人均中央公共预算支出来测算财政收入分权度和财政支出分权度，其中人均地方本级财政收入=地方本级财政收入/地区总人口，人均地方一般公共预算支出=地方一般公共预算支出/地区总人口，人均中央公共预算收入（支出）=中央公共预算收入（支出）/全国总人口。并参考胡玉杰等（2023）的研究，在计算财政分权时剔除了地区人口规模和地区经济体量的影响，从而更精确地反映财政分权的真实程度。本章计算财政分权度的具体公式如下：

$$财政收入分权度 = \frac{人均地方本级财政收入}{\begin{matrix}人均地方本级\\财政收入\end{matrix} + \begin{matrix}人均中央公共\\预算收入\end{matrix}}\left(1 - \frac{地区生产总值}{GDP}\right) \quad (3-10)$$

$$财政支出分权度 = \frac{人均地方一般公共预算支出}{\begin{matrix}人均地方一般\\公共预算支出\end{matrix} + \begin{matrix}人均中央公共\\预算支出\end{matrix}}\left(1 - \frac{地区生产总值}{GDP}\right) \quad (3-11)$$

控制变量。本章的控制变量包括3个，具体内容如下：

（1）地方政府竞争（ln *comp*）。本书参考陈黎明等（2024）的研究，用实际利用外商直接投资额与地区生产总值比值的对数衡量地方政府竞争水平。地方政府竞争对经济增长质量具有复杂的双向影响，一方面，地方政府竞争会推动公共服务和基础设施的改进，从而激发经济活力和推动经济增长质量的提升。然而，另一方面，过度的地方政府竞争会导致资源错配、重复建设和债务累积，从而对经济增长质量造成负面影响。

（2）地方政府干预（*inter*）。本书参考马娟和万解秋（2018）的研究，用地方财政支出与地区生产总值的比值衡量地方政府干预水平，这一指标反映了政府在经济中的活跃程度。适度的政府干预可以促进基础设施建设和社会福利，提高经济增长的质量。然而，过高的干预水平可能导致资源配置效率低下，抑制市场的自主调节能力，长远看可能阻碍创新与投资，从而负面影响经济增长的质量。

（3）地方政府消费（ln *consum*）。本书参考马娟和万解秋（2018）的研究，用地方政府消费与地区生产总值比值的对数衡量地方政府消费水平，此指标反映了政府在公共服务和行政管理上的开支强度。地方政府消费主要包括公共服务、行政管理和社会保障等方面的支出，适当的政府消费能够刺激经济增长，提供必要的公共服务和基础设施，从而提升经济增长的质量。然而，过度的政府消费可能会挤出私人投资，导致资源配置效率降低，长期来看可能抑制市场的创新动力和竞争力，影响经济增长质量的提升。

表3-1给出了核心变量的描述性统计。

表3-1 核心变量的描述性统计

变量名称	观测值	均值	标准差	最小值	中位数	最大值
QEG	600	0.323	0.129	0.112	0.286	0.755
*FD*1	600	0.457	0.132	0.253	0.429	0.814
*FD*2	600	0.474	0.141	0.255	0.442	0.856
ln *comp*	600	−4.134	1.075	−9.181	−4.010	−1.921
inter	600	0.215	0.105	0.069	0.195	0.758
ln *consum*	600	−1.904	0.257	−2.493	−1.952	−1.110

2）数据来源

限于数据可得性，本部分的实证分析剔除了西藏、香港、澳门和台湾。之所以选择起始于2000年的数据，是因为2000年后中国经济结构和政策环境发生显著变化，特别是加入世界贸易组织（WTO）后的市场开放和经济全球化加速。这些变化对财政分权和地方经济增长质量产生了深远影响，使得2000年以后的数据更能准确反映财政分权对经济增长质量的影响。选择截至2019年的数据，是为了确保分析中不受2020年及以后全球新冠疫情可能带来的异常财政波动的影响。最终，本书实证分析所使用的是2000—2019年30个省（自治区、直辖市）的数据。整个研究期间涵盖20年的时间跨度，得到600个样本量，以期为本研究提供稳健的数据基础。

在财政分权的数据来源方面，计算财政收入分权度使用的人均地方本级财政收入数据来自国家统计局官网提供的地方政府年度财政数据和人口数据。计算财政支出分权度使用的人均地方一般公共预算支出数据来自国家统计局官网提供的地方政府年度财政数据和人口数据。人均中央公共预算收入和人均中央公共预算支出数据来自《中国财政年鉴》和国家统计局官网提供的人口数据。

在经济增长质量的数据来源方面，其中地区实际人均生产总值数据来自《中国统计年鉴》，增长率的变异系数通过国家统计局的数据计算得出，计算产业结构合理化所需的三次产业结构和就业结构数据从《中国统计年鉴》获得。净出口占地区生产总值的比重数据通过中国海关总署发布的贸易统计数据获得，人均受教育年限数据通过《中国教育统计年鉴》获得，单位碳排放的实际生产总值的数据通过国家统计局和环境保护部（现为生态环境部）联合发布的《中国环境统计年鉴》获得。

在控制变量的数据来源方面，实际利用外商直接投资额由商务部官网获取，地区生产总值的数据从国家统计局官网获取。地方财政支出的数据从《中国财政年鉴》获得，地方政府消费从《中国统计年鉴》获得。

3.3 实证结果与分析

3.3.1 财政分权对经济增长质量的影响——基准回归分析

表3-2给出的是财政收入分权对经济增长质量影响的基准回归结果，表3-3给出的是财政支出分权对经济增长质量影响的基准回归结果。在这两个表中，第（1）至（4）列的结果均显示，AR（1）的P值小于0.05，同时，AR（2）的P值大于0.05，说明所有模型的误差项均存在一阶序列相关且不存在二阶序列相关，表明误差项不受隐含变量连续影响的假设成立。此外，Sargan检验的P值均大于0.05，验证了所选工具变量的有效性。综合这些统计检验结果，可以认为表3-2和表3-3中的所有模型设定都是合理且有效的。

表3-2展示了基于式（3-1）构建的动态面板估计模型的分析结果，该模型采用逐步引入控制变量的方法进行分析。其中第（1）列的模型仅考虑了核心解释变量对被解释变量的影响，并控制了地区固定效应和时间固定效应，结果显示，核心解释变量（$L.FD1$，即财政收入分权的滞后一期）的估计系数为0.1869，且在1%的水平上显著为正，表明财政收入分权对经济增长质量有显著的正向影响。随后的第（2）至第（4）列的模型中逐步引入其他控制变量，结果均显示$L.FD1$的估计系数

显著为正。最终，本书以表3-2第（4）列的回归结果为准，对基准回归结果进行具体解释。本书选定第（4）列的回归结果作为基准，具体而言，财政收入分权每增加1%，经济增长质量相应提高0.1997%。从而验证了本书的研究假设3-1-1，即财政收入分权正向影响经济增长质量。

表3-2　**基准回归结果——财政收入分权对经济增长质量的影响**

	（1）	（2）	（3）	（4）
变量	*QEG*	*QEG*	*QEG*	*QEG*
L.QEG	0.7649*** （46.1495）	0.7388*** （18.6105）	0.6997*** （16.1545）	0.7029*** （16.4455）
*L.FD*1	0.1869*** （12.1353）	0.1723*** （5.4937）	0.2027*** （5.7512）	0.1997*** （5.7909）
*L.*ln*comp*		0.0079*** （3.5895）	0.0043* （1.8064）	0.0044* （1.8674）
L.inter			−0.0993*** （−4.1459）	−0.1017*** （−3.5563）
*L.*ln*consum*				0.0018 （0.2106）
常数项	−0.0296*** （−4.3310）	0.0206 （1.4199）	0.0994*** （6.6685）	0.1040*** （4.5654）
观测值	570	570	570	570
地区固定效应	控制	控制	控制	控制
时间固定效应	控制	控制	控制	控制
AR（1）	0.000	0.000	0.000	0.000
AR（2）	0.179	0.096	0.097	0.099
Sargan	0.164	0.188	0.142	0.247

注：括号内的数值对于系统GMM模型为*z*统计量值。*、**、***分别代表10%、5%、1%的显著水平。AR（1）、AR（2）与Sargan检验输出结果为*P*值。

表3-3　**基准回归结果——财政支出分权对经济增长质量的影响**

	(1)	(2)	(3)	(4)
变量	*QEG*	*QEG*	*QEG*	*QEG*
L.QEG	0.7474*** (43.5638)	0.7297*** (41.1273)	0.7026*** (37.3656)	0.7054*** (37.4621)
*L.FD*2	0.2010*** (12.9917)	0.1858*** (12.0932)	0.2047*** (12.7998)	0.2019*** (12.6275)
*L.*ln*comp*		0.0068*** (4.8838)	0.0038** (2.4922)	0.0039** (2.5686)
L.inter			−0.0807*** (−5.0848)	−0.0847*** (−4.0993)
*L.*ln*consum*				0.0024 (0.3701)
常数项	−0.0356*** (−5.2716)	0.0077 (0.7028)	0.0910*** (9.2531)	0.0972*** (5.3322)
观测值	570	570	570	570
地区固定效应	控制	控制	控制	控制
时间固定效应	控制	控制	控制	控制
AR（1）	0.000	0.000	0.000	0.000
AR（2）	0.168	0.148	0.150	0.152
Sargan	0.069	0.110	0.111	0.215

注：括号内的数值对于系统GMM模型为*z*统计量值。*、**、***分别代表10%、5%、1%的显著水平。AR（1）、AR（2）与Sargan检验输出结果为*P*值。

表3-3根据模型3-2构建的动态面板估计模型展示了财政支出分权对经济增长质量的影响，采用逐步加入控制变量的分析方法。第（1）列的分析仅考虑了核心解释变量对被解释变量的影响，并控制了地区固定效应和时间固定效应。结果显示，核心解释变量*L.FD*2（财政支出分权的滞后一期）的估计系数为0.2010，且在1%的水平上显著为正，表

明财政支出分权对经济增长质量具有显著的正向影响。在后续的第（2）至第（4）列中，模型逐步引入其他控制变量，结果持续显示*L.FD*2的估计系数显著为正，验证了初步发现的稳健性。最终，本研究以表3-3第（4）列的回归结果为基准，得出具体结论：财政支出分权每增加1%，经济增长质量相应提高0.2019%。从而验证了本书的研究假设3-1-2，即财政支出分权正向影响经济增长质量。

控制变量对经济增长质量的影响效果如下，表3-2和表3-3的第（2）至（4）列的结果一致显示，地方政府竞争对经济增长质量产生了显著的正向影响。这表明地方政府间的健康竞争可能推动了经济效率的提升、结构的优化，同时促进了社会福利和环境保护的改善，这些因素综合提升了经济增长的质量。表3-2和表3-3的第（3）至（4）列均显示地方政府干预显著降低了经济增长质量水平，可能的原因在于地方政府的过度干预会导致资源配置的效率下降、政策的不稳定性增加以及环境的可持续性受损，从而削弱了经济增长的整体质量。表3-2和表3-3的第（4）列均显示地方政府消费对经济增长质量没有影响。

3.3.2 基准回归的稳健性检验

上文通过实证分析证明了财政收入分权和财政支出分权都会提高经济增长质量，但指标选取方式以及回归方法的不同可能会导致回归结果存在差异。为证明上述基准实证结果是相对稳健的，本部分还进行了改变回归方法的再检验和增加控制变量的再检验。针对财政收入分权影响经济增长质量的基准回归所做的稳健性检验见表3-4，针对财政支出分权影响经济增长质量的基准回归所做的稳健性检验见表3-5。

1）改变回归方法分析

表3-4和表3-5的第（1）至（3）列都是通过调整回归方法对基准回归所做的稳健性检验。表3-4第（1）至（3）列分别是仅将滞后一期的被解释变量用作GMM工具变量的回归结果、随机效应模型的回归结果、随机效应模型中更改解释变量滞后长度的回归结果。表3-5第（1）至（3）列分别是以被解释变量的第一至第四期滞后项作为工具变量的差分GMM回归结果、随机效应模型的回归结果、随机效应模型中更改

解释变量滞后长度的回归结果。

表3-4　　财政收入分权对经济增长质量影响的稳健性检验

	(1)	(2)	(3)	(4)	(5)
变量	*QEG*	*QEG*	*QEG*	*QEG*	*QEG*
L.QEG	0.3280*** (5.7623)	0.8623*** (44.0364)		0.7256*** (19.1932)	0.7195*** (17.3592)
L2.QEG			0.7619*** (19.8133)		
*L.FD*1	0.7166*** (9.0959)	0.1089*** (5.8048)		0.2079*** (5.5538)	0.1535*** (3.8738)
*L2.FD*1			0.1936*** (5.2796)		
*L.*ln*comp*	−0.0020 (−0.2999)	0.0018 (1.1424)	0.0024 (0.7718)	−0.0001 (−0.0211)	0.0022 (1.0563)
L.inter	−0.1765 (−1.4663)	−0.0388*** (−2.6182)	−0.0621** (−2.0172)	−0.1547*** (−2.6088)	−0.0865*** (−3.9508)
*L.*ln*consum*	−0.0607 (−1.0632)	−0.0022 (−0.4526)	−0.0073 (−0.7794)	0.0150 (0.9768)	−0.0013 (−0.1270)
*L.*ln*house*				0.0041 (0.7001)	−0.0041 (−0.5541)
*L.*ln*city*					0.0373*** (3.8349)
常数项	−0.1906 (−1.3012)	−0.0609*** (−3.6418)	0.0106 (0.4109)	0.1242** (2.3643)	0.1281*** (2.9764)

续表

	(1)	(2)	(3)	(4)	(5)
观测值	510	570	540	570	570
地区固定效应	YES	NO	NO	YES	YES
时间固定效应	YES	YES	YES	YES	YES
AR（1）	0.001			0.000	0.000
AR（2）	0.342			0.379	0.356
Sargan	0.153			0.086	0.199

注：括号内数值对于系统GMM模型为z统计量值，对于随机效应模型为t统计量值。*、**、***分别代表10%、5%、1%的显著水平。AR（1）、AR（2）与Sargan检验结果为P值。

表3-5　　财政支出分权对经济增长质量影响的稳健性检验

	(1)	(2)	(3)	(4)	(5)
变量	*QEG*	*QEG*	*QEG*	*QEG*	*QEG*
L.QEG	0.7239*** (13.9826)	0.8574*** (46.4344)		0.7135*** (20.7203)	0.7107*** (17.7267)
L2.QEG			0.7512*** (20.3220)		
L.FD2	0.2481*** (4.7388)	0.1072*** (6.0927)		0.2093*** (5.7720)	0.1565*** (4.4908)
L2.FD2			0.1927*** (5.4729)		
*L.*ln*comp*	-0.0048 (-0.9891)	0.0019 (1.2073)	0.0025 (0.8140)	-0.0001 (-0.0167)	0.0023 (1.1133)
L.inter	-0.1735** (-2.2826)	-0.0327** (-2.2851)	-0.0518* (-1.7490)	-0.1430** (-2.5642)	-0.0793*** (-3.8133)
*L.*ln*consum*	0.0052 (0.2320)	-0.0011 (-0.2423)	-0.0056 (-0.6103)	0.0164 (1.0889)	0.0004 (0.0378)

续表

	(1)	(2)	(3)	(4)	(5)
L.ln*house*				0.0026 (0.4351)	−0.0037 (−0.5077)
L.ln*city*					0.0349*** (3.5246)
常数项	−0.0190 (−0.4050)	−0.0587*** (−3.6131)	0.0134 (0.5315)	0.1195** (2.3466)	0.1280*** (3.0645)
观测值	480	570	540	570	570
地区固定效应	YES	NO	NO	YES	YES
时间固定效应	YES	YES	YES	YES	YES
AR（1）	0.000			0.000	0.000
AR（2）	0.425			0.376	0.353
Sargan	0.436			0.104	0.248

注：括号内的数值对于系统GMM模型为z统计量值，对于随机效应模型为t统计量值。*、**、***分别代表10%、5%、1%的显著水平。AR（1）、AR（2）与Sargan检验结果为P值。

2）增加控制变量分析

表3-4和表3-5的第（4）和（5）列都是通过增加控制变量对基准回归所做的稳健性检验。表3-4第（4）和（5）列，以及表3-5第（4）和（5）列都分别是增加房地产投资（ln*house*）的回归结果，第（5）列是进一步增加城镇化水平（ln*city*）的回归结果。参考李腾等（2024）的研究，房地产投资用房地产开发投资额占地区生产总值的比重衡量。参考陈智颖等（2020）的研究，城镇化水平用城镇人口数占省域常住总人口的比重进行量化。

表3-4和表3-5中第（1）、（2）、（4）和（5）列均显示，*L.FD*1和*L.FD*2的估计系数在1%的水平上都显著为正，表3-4和表3-5中第（3）列显示，*L2.FD*1和*L2.FD*2的估计系数在1%的水平上都显著为正。由此说明，无论是改变回归方法，抑或调整控制变量，财政收入分权和财政支出分权水平的提高都会显著带来经济增长质量的提升，从而验证了本书表3-2和表3-3中基准回归结果的稳健性。

3.3.3 财政分权对经济增长质量分项的影响

本研究以财政收入分权对经济增长质量影响的基准回归分析为基础，进一步探讨了财政收入分权对经济增长质量各分项指标的线性影响。财政收入分权作为一种重要的政策工具，通过调整地方与中央政府之间的财政资源配置权力，影响地方政府的财政自主性和经济行为，进而作用于经济增长质量。同时，本部分还以财政支出分权对经济增长质量影响的基准回归分析为基础，分析了财政支出分权对经济增长质量各分项指标的具体影响。财政支出分权调整了地方政府在公共支出决策中的自主权，这不仅关系到公共资金的利用效率，也深刻影响地方经济的发展速度和质量。

1）财政收入分权对经济增长质量分项的影响

表3-6第（1）列显示，*L.FD*1的估计系数为0.2277，且在5%的水平上显著，表明财政收入分权对经济增长强度具有显著促进作用。可能的原因在于，财政收入分权通过增强地方政府在资源配置上的自主权，显著促进了地区经济的增长。地方政府能够根据本地的需求和特色，制定与地方经济环境相契合的发展策略，从而更有效地推动经济活动和提升地区实际人均生产总值。

表3-6第（2）列显示，*L.FD*1的估计系数为-0.2530，且在1%的水平上显著，表明财政收入分权对经济增长稳定性具有显著抑制作用。可能的原因在于财政收入分权在增强地方政府财政自主权的同时，也对其在经济波动或危机情境下的财政风险管理能力提出了更高的要求。财政收入分权的制度安排虽旨在提升地方政府的响应灵活性和政策适应性，但在实际操作中，特别是在资源有限或管理能力较弱的地区，地方政府面临缺乏必要的经验和资源来有效应对经济挑战的问题。这种能力不足往往会导致地方经济增长出现显著波动。

表3-6第（3）列显示，*L.FD*1的估计系数为-0.2337，且在1%的水平上显著，表明财政收入分权对产业结构合理化具有显著抑制作用。可能的原因在于，财政收入分权虽增强了地方政府在资源配置上的自主权，但其可能导致一种过度偏向地方利益的资源配置模式，从而抑制产

业结构的合理化与优化。

表3-6第（4）列显示，*L.FD*1的估计系数为0.2236，且在10%的水平上显著，表明财政收入分权对经济增长外向性具有显著促进作用。可能的原因在于，财政收入分权赋予地方政府在对外贸易政策制定上较大自主权，地方政府能够依据本地经济特征和市场需求，设计并实施有针对性的外贸激励措施和策略，有效促进了进出口活动的扩张。

表3-6第（5）列显示，*L.FD*1的估计系数为0.0461，且在1%的水平上显著，表明财政收入分权对人力资本具有显著促进作用。可能的原因在于，财政收入分权显著增强了地方政府在财政资源配置上的自主性，特别是在教育政策的制定与执行方面，地方政府得以根据本地区的具体需求和特色，制定更符合实际情况的教育政策，进而提升整体教育水平。

表3-6第（6）列显示，*L.FD*1的估计系数为0.0829，且在5%的水平上显著，表明财政收入分权对生态资本具有显著促进作用。可能的原因在于，财政收入分权显著增强了地方政府在环境保护和生态资本增长中的自主权。通过赋予地方政府更大的财政自主性，财政收入分权机制使地方政府能够根据本地的环境状况和特定需求，制定并实施更为有效的环保政策。

表3-6　**财政收入分权对经济增长质量分项的影响**

	(1)	(2)	(3)	(4)	(5)	(6)
变量	ln*QEG*1	ln*QEG*2	ln*QEG*3	ln*QEG*4	ln*QEG*5	ln*QEG*6
L.ln*QEG*1	1.0204*** (78.9661)					
L.ln*QEG*2		0.4930*** (19.3460)				
L.ln*QEG*3			0.9529*** (55.7618)			
L.ln*QEG*4				0.9256*** (50.3963)		
L.ln*QEG*5					0.9022*** (55.2579)	

续表

	(1)	(2)	(3)	(4)	(5)	(6)
L.ln*QEG*6						1.0014***
						(85.3181)
*L.FD*1	0.2277**	−0.2530***	−0.2337***	0.2236*	0.0461***	0.0829**
	(2.0712)	(−2.6723)	(−2.7225)	(1.8561)	(4.5524)	(2.1778)
L.ln*comp*	0.0197**	0.0335**	−0.0067	0.0084	0.0012	−0.0041
	(2.5093)	(2.4177)	(−0.9568)	(0.7178)	(1.3593)	(−0.8007)
L.inter	−0.1632	−0.1118	0.1440	−0.4408***	−0.0323**	0.0164
	(−1.4167)	(−0.6302)	(1.2940)	(−3.2541)	(−2.2526)	(0.2681)
L.ln*consum*	0.0419	−0.0052	−0.0416	−0.0220	0.0123***	−0.0372*
	(1.0543)	(−0.0872)	(−0.9661)	(−0.5939)	(3.6754)	(−1.8077)
常数项	0.2445**	1.3530***	−0.0955	−0.1537	0.2338***	−0.0976
	(2.0714)	(7.6102)	(−0.7411)	(−1.5336)	(6.1728)	(−1.5386)
观测值	570	570	570	570	570	570
地区固定效应	YES	YES	YES	YES	YES	YES
时间固定效应	YES	YES	YES	YES	YES	YES
AR（1）	0.014	0.000	0.005	0.005	0.000	0.011
AR（2）	0.111	0.052	0.156	0.168	0.317	0.275
Sargan	0.052	0.084	0.673	0.055	0.736	0.967

注：括号内的数值对于系统GMM模型为*z*统计量值，*、**、***分别代表10%、5%、1%的显著水平。AR（1）、AR（2）与Sargan检验输出结果为*P*值。

2）财政支出分权对经济增长质量分项的影响

表3-7第（1）列显示，*L.FD*2的估计系数为0.2174，且在5%的水平上显著，表明财政支出分权对经济增长强度具有显著促进作用。可能的原因在于，财政支出分权使得地方政府能够根据本地的特定需求来分配财政资源，尤其是在公共服务和基础设施建设方面。这种针对性的支出有助于提高公共服务的效率和基础设施的质量，从而间接促进经济增长和提升实际人均地区生产总值。

表3-7第（2）列显示，*L.FD*2的估计系数为−0.2343，且在5%的水平上显著，表明财政支出分权对经济增长稳定性具有显著抑制作用。可能的原因在于，财政支出分权会导致不同地区的财政支出决策出现异质

性，由于缺乏中央政府的统一规划和协调，地方政府的支出决策可能更多基于本地需求和优先事项，这可能导致整体经济政策的不协调和不稳定。

表3-7第（3）列显示，*L.FD*2的估计系数为-0.2328，且在1%的水平上显著，表明财政支出分权对产业结构合理化具有显著抑制作用。可能的原因在于，财政支出分权可能导致地方政府在产业发展投资上的分散和不一致性，由于缺乏中央政府的统筹规划，不同地区可能出现重复建设和资源浪费，阻碍产业结构的合理分布。

表3-7第（4）列显示，*L.FD*2的估计系数为0.0824，且在10%的水平上显著，表明财政支出分权对经济增长外向性具有显著促进作用。可能的原因在于，财政支出分权使地方政府能够根据本地区的经济优势和特色，进行针对性的财政支出。这种支出可能包括对出口导向型产业的支持，从而提高这些产业的国际竞争力和出口能力。

表3-7第（5）列显示，*L.FD*2的估计系数为0.0395，且在1%的水平上显著，表明财政支出分权对人力资本具有显著促进作用。可能的原因在于，财政支出分权使得地方政府在教育支出方面拥有更大的自主权。这允许地方政府根据当地的教育需求和特点，制定更具响应性和针对性的教育政策，提高教育资源的利用效率。

表3-7第（6）列显示，*L.FD*2的估计系数为0.0782，且在5%的水平上显著，表明财政支出分权对生态资本具有显著促进作用。可能的原因在于，财政支出分权使地方政府能够自主决定将更多的财政资源用于环保项目和清洁技术的研发。这种支持可以促进新技术的开发和应用，进而降低单位实际地区生产总值的碳排放。

表3-7 **财政支出分权对经济增长质量分项的影响**

	(1)	(2)	(3)	(4)	(5)	(6)
变量	ln*QEG*1	ln*QEG*2	ln*QEG*3	ln*QEG*4	ln*QEG*5	ln*QEG*6
L.ln*QEG*1	1.0218*** (85.2636)					
L.ln*QEG*2		0.4938*** (12.2475)				

续表

	(1)	(2)	(3)	(4)	(5)	(6)
*L.*ln*QEG3*			0.9518*** (57.7706)			
*L.*ln*QEG4*				0.9356*** (74.3251)		
*L.*ln*QEG5*					0.9072*** (58.6797)	
*L.*ln*QEG6*						1.0010*** (84.5094)
L.FD2	0.2174** (2.2120)	-0.2343** (-1.9853)	-0.2328*** (-2.9971)	0.0824* (1.6652)	0.0395*** (4.5021)	0.0782** (2.1088)
*L.*ln*comp*	0.0188** (2.3040)	0.0330 (1.5882)	-0.0064 (-0.9122)	0.0016 (0.2206)	0.0014 (1.5326)	-0.0040 (-0.7628)
L.inter	-0.1339 (-1.4212)	-0.1281 (-0.4944)	0.1284 (1.2192)	0.1021 (1.1975)	-0.0272* (-1.9308)	0.0217 (0.3587)
*L.*ln*consum*	0.0401 (1.0109)	-0.0076 (-0.1022)	-0.0432 (-1.0018)	-0.0630** (-2.1691)	0.0124*** (3.7438)	-0.0365* (-1.7726)
常数项	0.1436 (1.5263)	1.4368*** (6.4978)	-0.0930 (-0.7253)	-0.1329** (-2.1669)	0.2257*** (6.1649)	-0.0963 (-1.5210)
观测值	570	570	570	570	570	570
地区固定效应	YES	YES	YES	YES	YES	YES
时间固定效应	YES	YES	YES	YES	YES	YES
AR（1）	0.016	0.000	0.038	0.004	0.000	0.011
AR（2）	0.117	0.051	0.322	0.093	0.315	0.275
Sargan	0.053	0.468	0.624	0.557	0.743	0.964

注：括号内的数值对于系统GMM模型为*z*统计量值。*、**、***分别代表10%、5%、1%的显著水平。AR（1）、AR（2）与Sargan检验输出结果为*P*值。

3.3.4 财政分权对经济增长质量的门槛效应分析

本部分基于动态面板门槛模型（3-3）至（3-6），进一步探究了财政分权对经济增长质量的非线性影响。动态面板门槛效应模型能更灵活地捕捉财政分权与经济增长质量之间的非线性关系，尤其是当这种关系在多个阈值点上发生变化时。而且在静态面板模型中，财政分权与经济增长质量之间的关系形式通常需要外生给定，动态面板门槛模型可以内生地确定这些阈值，从而避免了外生假设的局限性。具体而言，本部分研究包括财政收入分权对经济增长质量的门槛效应分析，以及财政支出分权对经济增长质量的门槛效应分析。进一步地，本研究按照2018年出台的《基本公共服务领域中央与地方共同财政事权和支出责任划分改革方案》，将全国省份按照实际经济发展水平以及实际财力状况划分为三类地区，分别研究了在三类地区，财政分权影响经济增长质量的门槛效应。

1）财政收入分权对经济增长质量的门槛效应分析

在财政收入分权对经济增长质量的门槛效应分析中，以财政收入分权作为门槛变量的分析结果见表3-8和表3-9。由表3-8可知，全国层面表现为显著的双重门槛特征，门槛值为0.6720、0.4021，均通过了10%的显著性检验。分地区来看，第一类地区表现为显著的单一门槛特征，门槛值为0.5132，通过了10%的显著性检验；第二类地区门槛效应不成立；第三类地区表现为显著的双重门槛特征，门槛值为0.4075和0.4536，均通过了10%的显著性检验。这表明财政收入分权对经济增长质量的影响受到财政收入分权门槛效应的制约，而且表现出明显的地区异质性。

表3-8 财政收入分权影响经济增长质量的动态面板门槛值估计和显著性检验结果

门槛变量	门槛数	门槛值	P值	门槛效应
全国	单一	0.6720	0.0640*	双重门槛效应成立
	双重	0.4021	0.0880*	
	三重	0.4300	0.2100	

续表

门槛变量	门槛数	门槛值	P值	门槛效应
第一类地区	单一	0.5132	0.0660*	单一门槛效应成立
	双重	0.6720	0.2820	
	三重	0.7856	0.6080	
第二类地区	单一	0.3842	0.5860	门槛效应不成立
	双重	0.4137	0.4040	
	三重	0.4138	0.3780	
第三类地区	单一	0.4075	0.0840*	双重门槛效应成立
	双重	0.4536	0.0680*	
	三重	0.4099	0.1200	

注：自助法（Bootstrap）迭代次数均为500次。*、**、***分别代表10%、5%和1%的显著水平。

表3-9是门槛效应显著地区的回归结果，其中，全国层面存在双重门槛效应，列（1）显示，当$L.FD1 \leq threshold1$时，也就是当财政收入分权小于等于0.4021时，财政收入分权对经济增长质量没有影响；当$threshold1 < L.FD1 \leq threshold2$时，也就是当财政收入分权大于0.4021且小于等于0.6720时，财政收入分权对经济增长质量没有影响；当$FD1 > threshold2$时，也就是当财政收入分权大于0.6720时，财政收入分权对经济增长质量呈现显著的正向作用。这说明，在全国层面，随着财政收入分权水平的提高，财政收入分权对经济增长质量由没有影响继而转变为显著的正向作用。综上，全国层面的财政收入分权水平达到0.6720以上能够使财政收入分权对经济增长质量产生显著的正向影响。

第一类地区存在单一门槛效应，列（2）显示，当$L.FD1 \leq threshold1$时，也就是当财政收入分权小于等于0.5132时，财政收入分权对经济增长质量没有影响；当$L.FD1 > threshold1$时，也就是当财政收入分权大于

0.5132时，财政收入分权对经济增长质量呈现显著的正向作用。这说明，在第一类地区，随着财政收入分权水平的提高，财政收入分权对经济增长质量由没有影响转变为显著的正向作用。综上，第一类地区的财政收入分权水平达到0.5132以上就能够使财政收入分权对经济增长质量产生显著的正向影响。

第三类地区存在双重门槛效应，列（3）显示，当$L.FD1\leqslant threshold1$时，也就是当财政收入分权小于等于0.4075时，财政收入分权对经济增长质量没有影响；当$threshold1<L.FD1\leqslant threshold2$时，也就是当财政收入分权大于0.4075且小于等于0.4536时，财政收入分权对经济增长质量呈现显著的正向作用；当$L.FD1>threshold2$时，也就是当财政收入分权大于0.4536时，财政收入分权对经济增长质量没有影响。这说明，在第三类地区层面，随着财政收入分权水平的提高，财政收入分权对经济增长质量由没有影响转变为显著的正向作用，继而又转变为没有影响。综上，第三类地区的财政收入分权水平存在（0.4075，0.4536］的最优区间，只有此区间内的财政收入分权对经济增长质量才能产生显著的正向影响。

表3-9 **财政收入分权影响经济增长质量的动态面板门槛效应分析结果**

	（1）	（2）	（3）
	全国	第一类地区	第三类地区
变量	QEG	QEG	QEG
L.QEG	0.580***	0.965***	0.760***
	（16.99）	（12.30）	（9.94）
$L.FD1\leqslant threshold1$	−0.030	−0.044	0.197
	（−0.74）	（−0.79）	（0.40）
$L.FD1>threshold1$		0.119**	
		（2.01）	
$L.threshold1<FD1\leqslant threshold2$	0.019		1.732**
	（0.66）		（2.43）

续表

	(1)	(2)	(3)
*L.FD*1>*threshold*2	0.149***		0.027
	(5.07)		(0.07)
*L.*ln*comp*	0.014**	−0.002	0.021**
	(2.07)	(−0.08)	(2.08)
L.inter	−0.212**	−0.177	0.064
	(−2.23)	(−0.94)	(0.67)
*L.*ln*consum*	0.034	0.057	−0.021
	(1.35)	(1.03)	(−0.50)
常数项	0.631***	0.181	0.266
	(8.32)	(1.20)	(1.03)
观测值	570	171	209
地区固定效应	YES	YES	YES
时间固定效应	YES	YES	YES
AR（1）	0.000	0.031	0.008
AR（2）	0.056	0.080	0.072
Sargan	1.000	1.000	1.000

注：括号内的数值对于系统GMM模型为*z*统计量值。*、**、***分别代表10%、5%、1%的显著水平。AR（1）、AR（2）与Sargan检验输出结果为*P*值。

2）财政支出分权对经济增长质量的门槛效应分析

在财政支出分权对经济增长质量的门槛效应分析中，以财政支出分权作为门槛变量的分析结果见表3-10和表3-11。由表3-10可知，全国层面表现为显著的双重门槛特征，门槛值为0.6830、0.8230，均通过了10%的显著性检验。分地区来看，第一类地区表现为显著的单一门槛特征，门槛值为0.5363，通过了5%的显著性检验；对于第二类地区而言，虽然双重门槛值的P值显著，但是其单一门槛值的P值不显著，由于单一门槛效应成立是双重门槛效应成立的必要条件，因此，第二类地区门槛效应不成立；第三类地区表现为显著的双重门槛特征，门槛值为0.4474和0.4598，分别通过了10%和1%的显著性检验。这表明财政支出分权对经济增长质量的影响受到财政支出分权门槛效应的制约，而且表现出明显的地区异质性。

表3-10 **财政支出分权影响经济增长质量的动态面板门槛值估计和显著性检验结果**

门槛变量	门槛数	门槛值	P值	门槛效应
全国	单一	0.6830	0.0540*	双重门槛效应成立
	双重	0.8230	0.0800*	
	三重	0.4528	0.5080	
第一类地区	单一	0.5363	0.0120**	单一门槛效应成立
	双重	0.6830	0.2360	
	三重	0.8176	0.6300	
第二类地区	单一	0.3895	0.6160	无门槛效应成立
	双重	0.4297	0.0580*	
	三重	0.4138	0.2500	
第三类地区	单一	0.4474	0.0880*	双重门槛效应成立
	双重	0.4598	0.0020***	
	三重	0.3458	0.4440	

注：自助法（Bootstrap）迭代次数均为500次。*、**、***分别代表10%、5%、1%的显著水平。

表3-11是门槛效应显著地区的回归结果，其中，全国层面存在双重门槛效应，列（1）显示，当$L.FD2 \le threshold1$时，也就是当财政支出分权小于等于0.6830时，财政支出分权对经济增长质量没有影响；当$threshold1 < L.FD2 \le threshold2$时，也就是当财政支出分权大于0.6830且小于等于0.8230时，财政支出分权对经济增长质量呈现显著的正向作用；当$L.FD2 > threshold2$时，也就是当财政支出分权大于0.8230时，财政支出分权对经济增长质量没有影响。这说明，在全国层面，随着财政支出分权水平的提高，财政支出分权对经济增长质量由没有影响转变为显著的正向作用，继而转变为没有影响。综上，全国层面的财政支出分权水平存在（0.6830，0.8230］最优区间，只有此区间内的财政支出分权对经济增长质量才能产生显著的正向影响。

第一类地区存在单一门槛效应，列（2）显示，当$L.FD2 \le threshold1$时，也就是当财政支出分权小于等于0.5363时，财政支出分权对经济增长质量没有影响；当$L.FD2 > threshold1$时，也就是当财政支出分权大于0.5363时，财政支出分权对经济增长质量呈现显著的正向作用。这说明，在第一类地区，随着财政支出分权水平的提高，财政支出分权对经济增长质量由没有影响转变为显著的正向作用。综上，第一类地区的财政收入分权水平达到0.5363以上就能够使财政收入分权对经济增长质量产生显著的正向影响。

第三类地区存在双重门槛效应，列（3）显示，当$L.FD2 \le threshold1$时，也就是当财政收入分权小于等于0.4474时，财政支出分权对经济增长质量没有影响；当$threshold1 < L.FD2 \le threshold2$时，也就是当财政支出分权大于0.4474且小于等于0.4598时，财政支出分权对经济增长质量呈现显著的正向作用；当$L.FD2 > threshold2$时，也就是当财政支出分权大于0.4598时，财政支出分权对经济增长质量没有影响。这说明，在第三类地区，随着财政支出分权水平的提高，财政支出分权对经济增长质量由没有影响转变为显著的正向作用，继而又转变为没有影响。综上，第三类地区的财政支出分权水平存在（0.4474，0.4598］最优区间，只有此区间内的财政支出分权对经济增长质量才能产生显著的正向影响。

表3-11 **财政支出分权影响经济增长质量的动态面板门槛效应分析结果**

	(1)	(2)	(3)
	全国	第一类地区	第三类地区
变量	*QEG*	*QEG*	*QEG*
L.QEG	0.574***	0.702***	0.515***
	(8.65)	(19.26)	(16.91)
*L.FD*2≤*threshold*1	−0.049	0.080	0.245
	(−0.59)	(0.72)	(1.25)
*L.FD*2>*threshold*1		0.164**	
		(2.33)	
*L.threshold*1<*FD*2≤*threshold*2	0.172***		0.632***
	(2.61)		(2.98)
*L.FD*2>*threshold*2	0.010		0.179
	(0.14)		(1.21)
*L.*ln*comp*	0.016	−0.037	0.022***
	(1.62)	(−1.51)	(3.81)
L.inter	−0.134	−0.200	−0.088
	(−1.01)	(−1.03)	(−1.45)
*L.*ln*consum*	−0.017	0.099**	0.047*
	(−0.47)	(2.53)	(1.65)
常数项	0.589***	0.449***	0.677***
	(5.33)	(4.21)	(7.63)
观测值	570	171	209
地区固定效应	YES	YES	YES
时间固定效应	YES	YES	YES
AR（1）	0.000	0.021	0.007
AR（2）	0.051	0.145	0.090
Sargan	1.000	1.000	1.000

注：括号内的数值对于系统GMM模型为z统计量值。*、**、***分别代表10%、5%、1%的显著水平。AR（1）、AR（2）与Sargan检验输出结果为P值。

4 财政分权影响经济增长质量的拓展分析——纳入地方政府债务

财权上收、事权和支出责任下放的制度设计使地方政府在履行其发展型职能时往往因财力匮乏而受到限制，地方政府债务的引入为地方财政提供了重要的财力补充来源，使其能够筹集必要的资金用于重大项目投资、基础设施建设以及公共服务的提升，从而有效满足了地方政府的支出需求。本章研究基于城投平台有息债务规模、负债率（宽口径）和债务率（宽口径）三种对地方债务的划分方式，使用我国除港澳台地区和西藏自治区以外的30个省（自治区、直辖市）2000—2019年的面板数据和动态面板系统GMM估计方法，考察了高地方债务地区和低地方债务地区的财政分权对经济增长质量及其分项的不同影响。并按照经济发展水平以及实际财力状况差异的划分方式，进一步分析了在三类地区的高地方债务地区和低地方债务地区中，财政分权影响经济增长质量的差异。

4.1 理论分析与研究假设

财政分权在高地方债务地区与低地方债务地区对经济增长质量的影响呈现出一定的差异性。在高地方债务地区，财政分权架构下地方政府的有效债务管理与资源配置为经济增长质量的显著提升提供了可能性。而在低地方债务地区，尽管财政分权提供了提升经济增长质量的理论可能性，实际却因资源限制而显示出对提升经济增长质量的效果较为有限的特征。这一差异不仅反映了财政资源丰富度对地方政府提升经济增长质量能力的影响，也凸显了在不同地区财政分权对经济增长质量的异质性影响。

在高地方债务地区，财政分权架构下的地方政府能够通过有效的债务管理和资源配置显著提升经济增长质量。相反，低地方债务地区虽然能从财政分权中获益，但其对经济增长质量的正向影响相对较为有限。高地方债务地区通过地方政府的策略性债务管理和资源配置，有效地利用了地方债务收益来促进经济增长的质量提升。城投债作为地方债务的重要组成部分，不仅是解决资金缺口、推进公共项目建设的关键机制，同时也在促进地方经济发展、提升公共服务质量以及响应宏观经济调控政策中发挥了不可替代的作用。地方政府通过城投债筹集的资金，主要投向基础设施建设和重点产业发展，为经济转型和产业升级提供了关键资金支持。这种策略不仅缓解了即时的财政压力，也促进了经济结构的优化升级，尽管可能带来较高的债务负担和增加财政风险，但对于促进经济增长质量提升的正面效应显著。与之相对，低地方债务地区在财政分权体制下虽享有一定程度的经济管理自主权，但由于财政资源固有的约束，其在实际推动经济增长质量全面提升方面的能力受限。这些地区面临的财政资源约束直接限制了地方政府在基础设施、产业升级以及公共服务等关键领域的投资能力。地方政府虽努力通过优化财政支出结构弥补资源不足，但由于财政资源总量的限制，难以从根本上提高经济增长质量。

由此，提出本章的研究假设4-1-1和研究假设4-1-2，具体如下：

研究假设4-1-1：在高地方债务地区和低地方债务地区，财政收入分权对经济增长质量都具有显著提升作用。而且与低地方债务地区相比，在高地方债务地区，财政收入分权对经济增长质量具有更大的提升作用。

研究假设4-1-2：在高地方债务地区和低地方债务地区，财政支出分权对经济增长质量都具有显著提升作用。而且与低地方债务地区相比，在高地方债务地区，财政支出分权对经济增长质量具有更大的提升作用。

4.2 研究设计

4.2.1 分组回归的动态面板模型构建

参考吕健（2015）的研究方式，将各地区划分为高地方债务地区和低地方债务地区，考察财政分权对经济增长质量的影响是否存在差异。具体地，本部分在第3章基准模型（3-1）和（3-2）的基础上，引入地方债务分组变量的交互项进行分组交互检验。地方债务分组变量是根据地方债务水平划分出地方债务较高组（实验组：$debt_{it}$=1）和地方债务较低组（参照组：$debt_{it}$=0）。基于地方债务分组的思路为，计算2000—2019年各年地方债务平均值，以各年地方债务水平中位数为标准，将地方债务水平较高的15个地区和地方债务水平较低的15个地区，分别作为各年地方债务较高组和地方债务较低组。

具体而言，为了考察高地方债务地区和低地方债务地区的财政收入分权对经济增长质量的影响是否存在差异，按照如下分组回归的动态面板估计模型（4-1）进行估计。

$$QEG_{it} = \beta_0 QEG_{it-1} + \beta_1 FD1_{it-1} + \beta_2 \ln comp_{it-1} + \beta_3 inter_{it-1} + \beta_4 \ln consum_{it-1} + \beta_5 FD1_{it-1} * debt_{it-1} + \delta_i + \rho_t + \varepsilon_{it} \tag{4-1}$$

为了考察高地方债务地区和低地方债务地区的财政支出分权对经济增长质量的影响是否存在差异，按照如下分组回归的动态面板估计模型式（4-2）进行估计。

$$QEG_{it} = \beta_0 QEG_{it-1} + \beta_1 FD2_{it-1} + \beta_2 \ln comp_{it-1} + \beta_3 inter_{it-1} + \beta_4 \ln consum_{it-1} + \beta_5 FD2_{it-1} * debt_{it-1} + \delta_i + \rho_t + \varepsilon_{it} \tag{4-2}$$

其中：QEG_{it}表示地区i在t年度经济增长质量的对数；QEG_{it-1}表示地区i在t 1年度经济增长质量的对数；$FD1_{it-1}$表示地区i在t-1年度的财政收入分权程度；$FD2_{it-1}$表示地区i在t-1年度的财政支出分权程度；$\ln comp_{it-1}$表示地方政府竞争；$inter_{it-1}$表示地方政府干预；$\ln consum_{it-1}$表示地方政府消费；δ_i是地区固定效应；ρ_t是时间固定效应；ε_{it}是随机误差项。

考虑到系统GMM方法不仅能够有效处理模型的内生性问题，还能提高估计的准确性和效率，本部分继续使用系统GMM方法进行基准回归分析。

4.2.2 变量界定和数据说明

1）变量界定

被解释变量。本章式（4-1）和式（4-2）的被解释变量是经济增长质量及其分项，对经济增长质量及其分项的界定见3.2.2部分。

解释变量。本章的解释变量是财政收入分权和财政支出分权。对财政收入分权和财政支出分权的界定见3.2.2部分。

控制变量。本章的控制变量与第3章基准回归部分相同，仍是地方政府竞争（ln*comp*）、地方政府干预（*inter*）和地方政府消费（ln*consum*）。

分组变量。本章地方债务分组变量包括城投平台有息债务规模、负债率（宽口径）和债务率（宽口径）。

一是以城投平台有息债务规模作为本研究中地方债务的第一个分组变量。选取地方政府城投债规模代替地方政府债务是目前学术研究主要采用的测度方式（王永钦等，2016；冀云阳等，2019；彭冲、陆铭，2019）。有息债务规模指的是融资平台资产负债表中长期负债与短期负债之和，其中长期负债主要包括长期借款、应付债券，短期负债主要包括短期借款、应付票据、一年内到期的非流动负债、应付短期债券和其他流动负债。在城投债规模测度中又有余额以及发行额的差异，由于地方政府债务是存量概念，且当年募集的债务资金也并非在同年使用。为此，本书以城投平台有息债务规模代替城投债绝对规模。

二是以负债率（宽口径）作为本研究中地方债务的第二个分组变量。常有文献采用地方政府债务负担率（=地方政府债务余额/地区生产总值）度量地方政府债务风险水平。Huang等（2020）指出，采用地方政府融资平台公司有息债务规模与地区生产总值之比来测度地方政府债务规模，为估算地方政府债务提供了一个比单纯使用城投债发行规模估算更为准确、更为全面的下限。为此，本书也以负债率（宽口径）作为城投债相对规模的一个衡量标准。

三是以债务率（宽口径）作为本研究中地方债务的第三个分组变量。考虑到地方政府的主要偿债来源是其财政收入而非地区生产总值，因而相对于债务负担率指标，采用债务率反映中国地方政府债务风险更有意义（马恩涛、孔振焕，2017；周世愚，2021）。同时，债务率这一指标能更为直接地反映出偿债压力对于地方政府财政支出的影响，从而可以更加便于辨识和分析其影响经济增长的渠道或机制。为此，本书同样以债务率（宽口径）作为城投债相对规模的一个衡量标准。

表4-1给出了核心变量的描述性统计。

表4-1 核心变量的描述性统计

变量名称	观测值	均值	标准差	最小值	中位数	最大值
QEG	600	0.323	0.129	0.112	0.286	0.755
ln*QEG*1	600	2.492	1.859	0.274	2.056	10.927
ln*QEG*2	600	2.218	0.5634	-0.375	2.204	4.133
ln*QEG*3	600	-1.585	0.748	-4.048	-1.462	-0.071
ln*QEG*4	600	0.294	0.339	0.011	0.138	1.668
ln*QEG*5	600	2.137	0.127	1.693	2.139	2.548
ln*QEG*6	600	-1.259	0.653	-3.002	-2.328	0.425
*FD*1	600	0.457	0.132	0.253	0.429	0.814
*FD*2	600	0.474	0.141	0.255	0.442	0.856

续表

变量名称	观测值	均值	标准差	最小值	中位数	最大值
ln*comp*	600	−4.134	1.075	−9.181	−4.010	−1.921
inter	600	0.215	0.105	0.069	0.195	0.758
ln*consum*	600	−1.904	0.257	−2.493	−1.952	−1.110
*debt*1	600	3 488.422	5 933.201	0.000	1 126.005	57 791.532
*debt*2	600	26.020	30.527	0.000	12.635	149.333
*debt*3	600	122.808	105.719	0.000	106.355	603.456

2）数据来源

本章的城投债数据来源于“万得资讯金融终端”（WFT）。按照学界通常的处理方式，将“万得口径”与“国家金融监管总局口径”定义的城投债进行手工合并处理，考虑到大量城投公司会同时在银行间市场以及交易所市场同时发行债券，而万得数据库将不同市场中交易的相同债券识别为不同的城投债，本书剔除内容完全重复的观测值，按照万得资讯提供的“城投债行政级别”进行逐年加总，得到样本期内分省份城投债发行规模的非平衡面板数据（刘俊现，2022）。

4.3 实证结果与分析

4.3.1 地方债务分组下财政分权对经济增长质量的影响

本部分基于城投平台有息债务规模、负债率（宽口径）和债务率（宽口径）三种对地方债务的划分方式，考察了高地方债务地区和低地方债务地区的财政分权对经济增长质量的影响。

1）地方债务分组下，财政收入分权对经济增长质量的影响

按照地方债务的三种划分方式，财政收入分权对经济增长质量的影响分析见表4-2，其中第（1）和（2）列为按照城投平台有息债务规模划分，财政收入分权对经济增长质量的影响，第（1）列显示，解释变

量*L.FD*1的估计系数为0.2429，且在1%的水平上显著，第（2）列显示，解释变量*L.FD*1的估计系数为0.0784，且在5%的水平上显著。其中第（3）和（4）列为按照负债率（宽口径）划分，财政收入分权对经济增长质量的影响，第（3）列显示，解释变量*L.FD*1的估计系数为0.2428，且在1%的水平上显著，第（4）列显示，解释变量*L.FD*1的估计系数为0.1176，且在1%的水平上显著。其中第（5）和（6）列为按照债务率（宽口径）划分，财政收入分权对经济增长质量的影响，第（5）列结果显示，解释变量*L.FD*1的估计系数为0.2366，且在1%的水平上显著，第（6）列结果显示，解释变量L.FD1的估计系数为0.1272，且在1%的水平上显著。表4-2第（1）至（6）列核心解释变量*L.FD*1的回归系数表明，按照城投平台有息债务规模、负债率（宽口径）和债务率（宽口径）三种划分方式，在高地方债务地区和低地方债务地区，财政收入分权对经济增长质量都具有显著提升作用。而且表4-2第（1）和（2）列的对比结果、第（3）和（4）列的对比结果，以及第（5）和（6）列的对比结果显示，与低地方债务地区相比，在高地方债务地区，财政收入分权对经济增长质量具有更大的提升作用。从而验证了本书的假设4-1-1。

表4-2　**财政收入分权对经济增长质量的影响——三种地方债务划分方式下的分析**

	(1)	(2)	(3)	(4)	(5)	(6)
	按照城投平台有息债务规模划分		按照负债率（宽口径）划分		按照债务率（宽口径）划分	
	高地方债务地区	低地方债务地区	高地方债务地区	低地方债务地区	高地方债务地区	低地方债务地区
变量	*QEG*	*QEG*	*QEG*	*QEG*	*QEG*	*QEG*
L.QEG	0.7076*** (16.2205)	0.7256*** (15.5275)	0.7006*** (19.5767)	0.7849*** (21.1968)	0.7009*** (21.0870)	0.8034*** (22.4759)
*L.FD*1	0.2429*** (5.6311)	0.0784** (2.3905)	0.2428*** (6.6771)	0.1176*** (3.6416)	0.2366*** (6.5168)	0.1272*** (3.5279)

续表

	(1)	(2)	(3)	(4)	(5)	(6)
*L.*ln*comp*	0.0034 (0.7713)	0.0053*** (3.0288)	0.0003 (0.0916)	0.0063** (2.2914)	0.0018 (0.5091)	0.0035 (1.4122)
L.inter	−0.0991* (−1.8273)	−0.0751*** (−3.7175)	−0.1128*** (−4.0151)	−0.0959** (−2.4430)	−0.0830*** (−2.6132)	−0.0748*** (−2.6215)
*L.*ln*consum*	0.0067 (0.4214)	0.0022 (0.2611)	−0.0008 (−0.0658)	0.0068 (0.7544)	−0.0060 (−0.4878)	0.0043 (0.4982)
常数项	0.0466 (1.1724)	0.1115*** (3.3725)	−0.0042 (−0.1204)	0.0445 (1.3172)	0.0320 (0.8593)	0.0980*** (4.1065)
观测值	285	285	285	285	285	285
地区固定效应	控制	控制	控制	控制	控制	控制
时间固定效应	控制	控制	控制	控制	控制	控制
AR（1）	0.002	0.001	0.002	0.001	0.001	0.002
AR（2）	0.360	0.367	0.253	0.901	0.132	0.944
Sargan	0.169	0.339	0.126	0.998	0.149	0.319

注：括号内的数值对于系统GMM模型为z统计量值。*、**、***分别代表10%、5%、1%的显著水平。AR（1）、AR（2）与Sargan检验输出结果为P值。

2）地方债务分组下，财政支出分权对经济增长质量的影响

三种划分方式下，财政支出分权对经济增长质量的影响分析见表4-3，其中第（1）和（2）列为按照城投平台有息债务规模划分，财政支出分权对经济增长质量的影响，第（1）列显示，解释变量*L.FD*2的估计系数为0.2389，且在1%的水平上显著，第（2）列显示，解释变量*L.FD*2的估计系数为0.0776，且在5%的水平上显著。其中第（3）和（4）列为按照负债率（宽口径）划分，财政支出分权对经济增长质量的影响，第（3）列显示，解释变量*L.FD*2的估计系数为0.2339，且在1%

的水平上显著，第（4）列显示，解释变量 *L.FD*2 的估计系数为0.0782，且在5%的水平上显著。其中第（5）和（6）列为按照债务率（宽口径）划分，财政支出分权对经济增长质量的影响，第（5）列结果显示，解释变量 *L.FD*2 的估计系数为0.2295，且在1%的水平上显著，第（6）列结果显示，解释变量 *L.FD*2 的估计系数为0.1321，且在1%的水平上显著。表4-3第（1）至（6）列 *L.FD*2 的回归系数表明，按照城投平台有息债务规模、负债率（宽口径）和债务率（宽口径）三种划分方式，高地方债务地区和低地方债务地区的财政支出分权对经济增长质量都具有显著提升作用。而且表4-3第（1）和（2）列的对比结果、第（3）和（4）列的对比结果，以及第（5）和（6）列的对比结果均显示，与低地方债务地区相比，在高地方债务地区，财政支出分权对经济增长质量具有更大的提升作用，从而验证了本书的假设4-1-2。

表4-3 **财政支出分权对经济增长质量的影响——三种地方债务划分方式下的分析**

	（1）	（2）	（3）	（4）	（5）	（6）
	按照城投平台有息债务规模划分		按照负债率（宽口径）划分		按照债务率（宽口径）划分	
	高地方债务地区	低地方债务地区	高地方债务地区	低地方债务地区	高地方债务地区	低地方债务地区
变量	*QEG*	*QEG*	*QEG*	*QEG*	*QEG*	*QEG*
L.QEG	0.6990*** （19.9179）	0.7229*** （15.6720）	0.6968*** （18.5090）	0.7234*** （15.7245）	0.6960*** （20.5558）	0.7906*** （22.2764）
*L.FD*2	0.2389*** （6.3928）	0.0776** （2.4413）	0.2339*** （6.2418）	0.0782** （2.4657）	0.2295*** （6.1763）	0.1321*** （3.6288）
*L.*ln*comp*	0.0033 （0.7588）	0.0054*** （2.9981）	0.0002 （0.0668）	0.0053*** （3.0092）	0.0016 （0.4584）	0.0037 （1.4789）
L.inter	−0.0579 （−0.9271）	−0.0731*** （−3.6722）	−0.1011*** （−3.0815）	−0.0732*** （−3.7303）	−0.0682* （−1.8952）	−0.0709*** （−2.6858）

续表

	(1)	(2)	(3)	(4)	(5)	(6)
*L.*ln*consum*	0.0112 (0.7616)	0.0022 (0.2715)	0.0019 (0.1617)	0.0026 (0.3179)	−0.0036 (−0.2950)	0.0057 (0.6887)
常数项	0.0113 (0.2707)	0.0815** (2.4886)	−0.0016 (−0.0445)	0.1116*** (3.4115)	0.0330 (0.8720)	0.1002*** (4.4136)
观测值	285	285	285	285	285	285
地区固定效应	控制	控制	控制	控制	控制	控制
时间固定效应	控制	控制	控制	控制	控制	控制
AR（1）	0.002	0.001	0.001	0.001	0.001	0.002
AR（2）	0.367	0.367	0.256	0.903	0.129	0.939
Sargan	0.105	0.373	0.916	0.798	0.166	0.371

注：括号内的数值对于系统GMM模型为*z*统计量值。*、**、***分别代表10%、5%、1%的显著水平。AR（1）、AR（2）与Sargan检验输出结果为*P*值。

4.3.2 稳健性检验

1）改变样本初始时间的稳健性检验

考虑到2006年之前地方政府融资平台发行债券数量较少，参照饶品贵等（2022）、曹婧等（2019）、Huang等（2020），本部分以2006年作为样本初始期，并仍使用系统GMM进行稳健性检验。

与表4-2的分析结果相似，表4-4第（1）至（6）列*L.FD*1的回归系数表明，三种地方债务的划分方式下，在高地方债务地区和低地方债务地区，财政收入分权对经济增长质量都具有显著提升作用。而且，表4-4第（1）和（2）列的对比结果、第（3）和（4）列的对比结果，以及第（5）和（6）列的对比结果均显示，与低地方债务地区相比，在高地方债务地区，财政收入分权对经济增长质量具有更大的提升作用。由此，说明表4-2的基准回归结果是稳健的。

表4-4　**财政收入分权对经济增长质量的影响——稳健性检验1**

	(1)	(2)	(3)	(4)	(5)	(6)
	按照城投平台有息债务规模划分		按照负债率（宽口径）划分		按照债务率（宽口径）划分	
	高地方债务地区	低地方债务地区	高地方债务地区	低地方债务地区	高地方债务地区	低地方债务地区
变量	*QEG*	*QEG*	*QEG*	*QEG*	*QEG*	*QEG*
L.QEG	0.7852*** (15.2262)	0.7769*** (14.2688)	0.7996*** (15.7585)	0.8363*** (22.9512)	0.7751*** (15.5103)	0.8725*** (27.6553)
*L.FD*1	0.1739*** (3.7567)	0.0598* (1.8786)	0.1490*** (3.6330)	0.0939*** (2.8686)	0.1635*** (3.8272)	0.0905*** (2.6564)
常数项	0.0197 (0.4287)	0.0950*** (3.3946)	0.0595 (1.4747)	0.0122 (0.4783)	0.0669 (1.5089)	0.0516** (2.0750)
观测值	195	195	195	195	195	195
地区固定效应	控制	控制	控制	控制	控制	控制
时间固定效应	控制	控制	控制	控制	控制	控制
AR（1）	0.004	0.006	0.005	0.010	0.002	0.025
AR（2）	0.084	0.093	0.082	0.649	0.061	0.456
Sargan	0.069	0.148	0.965	0.997	0.060	1.000

注：括号内的数值对于系统GMM模型为z统计量值。*、**、***分别代表10%、5%、1%的显著水平。AR（1）、AR（2）与Sargan检验输出结果为P值。

与表4-3的分析结果相似，表4-5第（1）至（6）列*L.FD*2的回归系数表明，三种地方债务的划分方式下，在高地方债务地区和低地方债务地区，财政支出分权对经济增长质量都具有显著提升作用。而且，表4-5第（1）和（2）列的对比结果、第（3）和（4）列的对比结果，以及第（5）和（6）列的对比结果均显示，与低地方债务地区相比，在高地方债务地区，财政支出分权对经济增长质量具有更大的提升作用。由此，说明表4-3的基准回归结果是稳健的。

表4-5　**财政支出分权对经济增长质量的影响——稳健性检验1**

	(1)	(2)	(3)	(4)	(5)	(6)
	按照城投平台有息债务规模划分		按照负债率（宽口径）划分		按照债务率（宽口径）划分	
	高地方债务地区	低地方债务地区	高地方债务地区	低地方债务地区	高地方债务地区	低地方债务地区
变量	*QEG*	*QEG*	*QEG*	*QEG*	*QEG*	*QEG*
L.QEG	0.7826*** (16.2723)	0.7745*** (14.3590)	0.8063*** (15.7745)	0.8223*** (23.6719)	0.7815*** (16.1482)	0.8604*** (25.8086)
L.FD2	0.1659*** (3.8629)	0.0622** (1.9645)	0.1356*** (3.4063)	0.1047*** (3.3227)	0.1502*** (3.7394)	0.0979*** (2.7698)
常数项	0.0218 (0.4703)	0.0939*** (3.4357)	0.0618 (1.5583)	0.0732*** (3.2158)	0.0668 (1.4852)	0.0581** (2.5180)
观测值	195	195	195	195	195	195
地区固定效应	控制	控制	控制	控制	控制	控制
时间固定效应	控制	控制	控制	控制	控制	控制
AR（1）	0.004	0.006	0.006	0.011	0.002	0.025
AR（2）	0.084	0.093	0.082	0.650	0.084	0.456
Sargan	0.056	0.125	1.000	1.000	0.054	1.000

注：括号内的数值对于系统GMM模型为*z*统计量值。*、**、***分别代表10%、5%、1%的显著水平。AR（1）、AR（2）与Sargan检验输出结果为*P*值。

2）增加控制变量的稳健性检验

参考第3章财政分权影响经济增长质量的实证分析部分的稳健性检验方法，本部分同样在控制变量中加入房地产投资（ln*house*），做进一步稳健性检验。与表4-2的分析结果相似，表4-6第（1）至（6）列*L.FD*1的回归系数表明，三种地方债务的划分方式下，在高地方债务地区和低地方债务地区，财政收入分权对经济增长质量都具有显著提升作用。而且表4-6第（1）和（2）列的对比结果、第（3）和（4）列的对比结果，以及第（5）和（6）列的对比结果均显示，与低地方债务地区相比，在高地方债务地区，财政收入分权对经济增长质量具有更大的提升作用。由此，进一步说明表4-2的基准回归结果是稳健的。

表4-6　**财政收入分权对经济增长质量的影响——稳健性检验2**

	（1）	（2）	（3）	（4）	（5）	（6）
	按照城投平台有息债务规模划分		按照负债率（宽口径）划分		按照债务率（宽口径）划分	
	高地方债务地区	低地方债务地区	高地方债务地区	低地方债务地区	高地方债务地区	低地方债务地区
变量	*QEG*	*QEG*	*QEG*	*QEG*	*QEG*	*QEG*
L.QEG	0.7050*** （16.9450）	0.7314*** （15.4248）	0.7027*** （17.4075）	0.7918*** （20.2639）	0.6995*** （17.6260）	0.8095*** （21.4991）
*L.FD*1	0.2542*** （6.2431）	0.0795** （1.9932）	0.2548*** （5.9200）	0.1179*** （3.0545）	0.2547*** （5.6055）	0.1244*** （2.9911）
*L.*ln*comp*	0.0035 （0.7679）	0.0054*** （3.6506）	0.0002 （0.0536）	0.0066** （2.4201）	0.0015 （0.4658）	0.0032 （1.5830）
L.inter	−0.0771 （−1.3560）	−0.0666*** （−3.8062）	−0.0959*** （−3.3738）	−0.0890** （−2.4400）	−0.0643* （−1.9362）	−0.0753*** （−2.7970）
*L.*ln*consum*	0.0026 （0.1523）	0.0002 （0.0218）	−0.0081 （−0.5726）	0.0064 （0.7420）	−0.0145 （−1.0937）	0.0051 （0.5919）
*L.*ln*house*	−0.0073 （−1.0722）	−0.0030 （−0.4164）	−0.0086 （−1.1495）	−0.0038 （−0.5785）	−0.0111 （−1.4454）	−0.0006 （−0.0914）
常数项	−0.0184 （−0.3655）	0.0981** （2.1994）	−0.0468 （−0.9054）	0.0331 （0.8419）	−0.0210 （−0.4096）	0.0959** （2.4790）

续表

	(1)	(2)	(3)	(4)	(5)	(6)
观测值	285	285	285	285	285	285
地区固定效应	控制	控制	控制	控制	控制	控制
时间固定效应	控制	控制	控制	控制	控制	控制
AR（1）	0.002	0.001	0.001	0.001	0.001	0.002
AR（2）	0.349	0.367	0.239	0.909	0.128	0.930
Sargan	0.344	0.337	0.142	0.012	0.124	0.382

注：括号内的数值对于系统GMM模型为z统计量值。*、**、***分别代表10%、5%、1%的显著水平。AR（1）、AR（2）与Sargan检验输出结果为P值。

与表4-3的分析结果相似，表4-7第（1）至（6）列$L.FD2$的回归系数表明，三种地方债务的划分方式下，在高地方债务地区和低地方债务地区，财政支出分权对经济增长质量都具有显著提升作用。而且，表4-7第（1）和（2）列的对比结果、第（3）和（4）列的对比结果，以及第（5）和（6）列的对比结果均显示，与低地方债务地区相比，在高地方债务地区，财政支出分权对经济增长质量具有更大的提升作用。由此，进一步说明表4-3的基准回归结果是稳健的。

表4-7　**财政支出分权对经济增长质量的影响——稳健性检验2**

	(1)	(2)	(3)	(4)	(5)	(6)
	按照城投平台有息债务规模划分		按照负债率（宽口径）划分		按照债务率（宽口径）划分	
	高地方债务地区	低地方债务地区	高地方债务地区	低地方债务地区	高地方债务地区	低地方债务地区
变量	*QEG*	*QEG*	*QEG*	*QEG*	*QEG*	*QEG*
L.QEG	0.6964*** (20.5870)	0.7293*** (15.6260)	0.7007*** (16.7524)	0.7815*** (20.8666)	0.6962*** (17.3971)	0.7979*** (21.2838)
L.FD2	0.2477*** (6.9170)	0.0790** (2.0746)	0.2417*** (5.5615)	0.1215*** (3.2517)	0.2432*** (5.4501)	0.1280*** (3.1151)

续表

	(1)	(2)	(3)	(4)	(5)	(6)
L.ln*comp*	0.0033 (0.7316)	0.0054*** (3.5841)	0.0001 (0.0336)	0.0067** (2.4397)	0.0014 (0.4141)	0.0034* (1.6905)
L.*inter*	-0.0409 (-0.6410)	-0.0644*** (-3.7276)	-0.0859*** (-2.6240)	-0.0837** (-2.4527)	-0.0511 (-1.3452)	-0.0714*** (-2.8991)
L.ln*consum*	0.0086 (0.5319)	0.0006 (0.0663)	-0.0041 (-0.3009)	0.0081 (0.9953)	-0.0108 (-0.8086)	0.0067 (0.8146)
L.ln*house*	-0.0057 (-0.7855)	-0.0029 (-0.4127)	-0.0070 (-0.8898)	-0.0037 (-0.5648)	-0.0095 (-1.2134)	-0.0005 (-0.0723)
常数项	0.0236 (0.4606)	0.0983** (2.2422)	-0.0253 (-0.4798)	0.0719** (2.1520)	-0.0123 (-0.2393)	0.0993*** (2.6779)
观测值	285	285	285	285	285	285
地区固定效应	控制	控制	控制	控制	控制	控制
时间固定效应	控制	控制	控制	控制	控制	控制
AR（1）	0.001	0.001	0.001	0.001	0.001	0.002
AR（2）	0.357	0.367	0.240	0.910	0.126	0.925
Sargan	0.281	0.368	0.159	0.014	0.160	0.408

注：括号内的数值对于系统GMM模型为*z*统计量值。*、**、***分别代表10%、5%、1%的显著水平。AR（1）、AR（2）与Sargan检验输出结果为*P*值。

4.3.3 地方债务分组下财政分权对经济增长质量分项的影响

本部分继续基于城投平台有息债务规模、负债率（宽口径）和债务率（宽口径）三种划分方式，考察了高地方债务地区和低地方债务地区的财政分权对经济增长质量分项的不同影响，其中，经济增长质量分项包括经济增长强度、经济增长稳定性、产业结构合理化、经济增长外向性、人力资本和生态资本六个方面。

1）地方债务分组下，财政收入分权对经济增长质量分项的影响

表4-8旨在按照城投平台有息债务规模、负债率（宽口径）和债务

率（宽口径）三种划分方式，考察高地方债务地区和低地方债务地区的财政收入分权对经济增长强度的影响。其中第（1）和（2）列为按照城投平台有息债务规模划分，财政收入分权对经济增长强度的影响，第（1）列结果显示，解释变量 *L.FD*1 的估计系数为 0.2817，且在 5% 的水平上显著，第（2）列结果显示，解释变量 *L.FD*1 的估计系数为 0.1167，但并未通过 10% 及以下的显著性检验。其中第（3）和（4）列为按照负债率（宽口径）划分，财政收入分权对经济增长强度的影响，第（3）列结果显示，解释变量 *L.FD*1 的估计系数为 0.3279，且在 5% 的水平上显著，第（4）列结果显示，解释变量 *L.FD*1 的估计系数为 0.0524，但并未通过 10% 及以下的显著性检验。其中第（5）和（6）列按照债务率（宽口径）划分，财政收入分权对经济增长强度的影响，第（5）列结果显示，解释变量 *L.FD*1 的估计系数为 0.4367，且在 1% 的水平上显著，第（6）列结果显示，解释变量 *L.FD*1 的估计系数为 −0.1064，但并未通过 10% 及以下的显著性检验。第（1）和（2）列、第（3）和（4）列，以及第（5）和（6）列的对比结果显示，按照城投平台有息债务规模、负债率（宽口径）和债务率（宽口径）划分，在高地方债务地区，财政收入分权对经济增长强度具有显著的提升作用，而在低地方债务地区，财政收入分权对经济增长强度没有影响。

表4-8　**财政收入分权对经济增长强度的影响——三种地方债务划分方式下的分析**

	按照城投平台有息债务规模划分		按照负债率（宽口径）划分		按照债务率（宽口径）划分	
	高地方债务地区	低地方债务地区	高地方债务地区	低地方债务地区	高地方债务地区	低地方债务地区
	（1）	（2）	（3）	（4）	（5）	（6）
变量	ln*QEG*1	ln*QEG*1	ln*QEG*1	ln*QEG*1	ln*QEG*1	ln*QEG*1
*L.*ln*QEG*1	1.0079***	1.0380***	1.0080***	1.0382***	0.9988***	1.0451***
	（71.0142）	（58.1302）	（77.3263）	（60.8707）	（77.0148）	（78.0507）
*L.FD*1	0.2817**	0.1167	0.3279**	0.0524	0.4367***	−0.1064
	（2.0231）	（0.7672）	（2.4019）	（0.4278）	（3.5971）	（−0.8830）

续表

	按照城投平台有息债务规模划分		按照负债率（宽口径）划分		按照债务率（宽口径）划分	
常数项	0.2911* (1.8172)	0.1615 (1.1341)	0.2352 (1.5536)	0.3191** (2.4910)	0.4094*** (2.6403)	0.1816** (2.0885)
观测值	285	285	285	285	285	285
地区固定效应	控制	控制	控制	控制	控制	控制
时间固定效应	控制	控制	控制	控制	控制	控制
AR（1）	0.044	0.029	0.031	0.131	0.022	0.148
AR（2）	0.322	0.284	0.168	0.635	0.093	0.719
Sargan	0.718	0.584	0.927	0.102	0.287	0.698

注：括号内的数值对于系统GMM模型为z统计量值。*、**、***分别代表10%、5%、1%的显著水平。AR（1）、AR（2）与Sargan检验输出结果为P值。

表4-9旨在按照城投平台有息债务规模、负债率（宽口径）和债务率（宽口径）三种划分方式，考察高地方债务地区和低地方债务地区的财政收入分权对经济增长稳定性的影响。其中第（1）和（2）列为按照城投平台有息债务规模划分，财政收入分权对经济增长稳定性的影响，第（1）列结果显示，解释变量*L.FD*1的估计系数为-0.0047，但并未通过10%及以下的显著性检验，第（2）列结果显示，解释变量*L.FD*1的估计系数为-0.5706，且在10%的水平上显著。其中第（3）和（4）列为按照负债率（宽口径）划分，财政收入分权对经济增长稳定性的影响，第（3）列结果显示，解释变量*L.FD*1的估计系数为-0.1178，但并未通过10%及以下的显著性检验，第（4）列结果显示，解释变量*L.FD*1的估计系数为-0.2730，但并未通过10%及以下的显著性检验。其中第（5）和（6）列为按照债务率（宽口径）划分，财政收入分权对经济增长稳定性的影响，第（5）列结果显示，解释变量*L.FD*1的估计系数为-0.2065，但并未通过10%及以下的显著性检验，第（6）列结果显示，解释变量*L.FD*1的估计系数为-0.2411，但并未通过10%及以下的显著性检验。第（1）和（2）列的对比结果显示，按照城投平台有息债务规模划分，在高地方债务地区，财政收入分权对经济增长稳定性没有影响，而在低地方债务地区，财政收入分权对经济增长稳定性具有显

著的降低作用。由于核心解释变量*L.FD*1的估计系数都不显著，第（3）和（4）列的对比结果，以及第（5）和（6）列的对比结果在实证上并没有意义。

表4-9　**财政收入分权对经济增长稳定性的影响——三种地方债务划分方式下的分析**

	按照城投平台有息债务规模划分		按照负债率（宽口径）划分		按照债务率（宽口径）划分	
	高地方债务地区	低地方债务地区	高地方债务地区	低地方债务地区	高地方债务地区	低地方债务地区
	（1）	（2）	（3）	（4）	（5）	（6）
变量	ln*QEG*2	ln*QEG*2	ln*QEG*2	ln*QEG*2	ln*QEG*2	ln*QEG*2
*L.*ln*QEG*2	0.5313*** (11.0702)	0.5690*** (13.0274)	0.5462*** (8.6246)	0.5646*** (12.7870)	0.4875*** (13.5813)	0.5560*** (16.5289)
*L.FD*1	-0.0047 (-0.0459)	-0.5706* (-1.8639)	-0.1178 (-0.9514)	-0.2730 (-0.8568)	-0.2065 (-1.5766)	-0.2411 (-1.5673)
常数项	1.1909*** (4.4011)	1.1995*** (3.8275)	1.2575*** (4.2530)	1.0602*** (3.7963)	0.6355** (2.2017)	1.1225*** (4.7630)
观测值	285	285	285	285	285	285
地区固定效应	控制	控制	控制	控制	控制	控制
时间固定效应	控制	控制	控制	控制	控制	控制
AR（1）	0.001	0.001	0.001	0.001	0.000	0.000
AR（2）	0.060	0.054	0.071	0.067	0.075	0.051
Sargan	0.875	0.186	0.231	0.476	0.629	0.759

注：括号内的数值对于系统GMM模型为*z*统计量值。*、**、***分别代表10%、5%、1%的显著水平。AR（1）、AR（2）与Sargan检验输出结果为*P*值。

表4-10旨在按照城投平台有息债务规模、负债率（宽口径）和债务率（宽口径）三种划分方式，考察高地方债务地区和低地方债务地区的财政收入分权对产业结构合理化的影响。其中第（1）和（2）列为按照城投平台有息债务规模划分，财政收入分权对产业结构合理化的影响，第（1）列结果显示，解释变量*L.FD*1的估计系数为-0.3953，且在1%的水平上显著，第（2）列结果显示，解释变量*L.FD*1的估计系数为

0.0189，但并未通过10%及以下的显著性检验。其中第（3）和（4）列为按照负债率（宽口径）划分，财政收入分权对产业结构合理化的影响，第（3）列结果显示，解释变量*L.FD*1的估计系数为-0.5154，且在1%的水平上显著，第（4）列结果显示，解释变量*L.FD*1的估计系数为-0.2222，且在10%的水平上显著。其中第（5）和（6）列为按照债务率（宽口径）划分，财政收入分权对产业结构合理化的影响，第（5）列结果显示，解释变量*L.FD*1的估计系数为-0.5106，且在1%的水平上显著，第（6）列结果显示，解释变量*L.FD*1的估计系数为-0.2600，且在5%的水平上显著。第（1）和（2）列的对比结果显示，按照城投平台有息债务规模划分，在高地方债务地区，财政收入分权对产业结构合理化具有显著的降低作用，而在低地方债务地区，财政收入分权对产业结构合理化没有影响。第（3）至（6）列的结果显示，按照负债率（宽口径）和债务率（宽口径）划分，在高地方债务地区和低地方债务地区，财政收入分权对产业结构合理化都具有显著的降低作用。第（3）和（4）列的对比结果，以及第（5）和（6）列的对比结果显示，按照负债率（宽口径）和债务率（宽口径）划分，与低地方债务地区相比，在高地方债务地区，财政收入分权对产业结构合理化具有更大的降低作用。

表4-10　**财政收入分权对产业结构合理化的影响——三种地方债务划分方式下的分析**

	按照城投平台有息债务规模划分		按照负债率（宽口径）划分		按照债务率（宽口径）划分	
	高地方债务地区	低地方债务地区	高地方债务地区	低地方债务地区	高地方债务地区	低地方债务地区
	（1）	（2）	（3）	（4）	（5）	（6）
变量	ln*QEG*3	ln*QEG*3	ln*QEG*3	ln*QEG*3	ln*QEG*3	ln*QEG*3
*L.*ln*QEG*3	0.9290***	0.9528***	0.8881***	0.8992***	0.8971***	0.8936***
	（31.9084）	（46.6322）	（21.7215）	（27.1217）	（44.6844）	（24.5235）
*L.FD*1	-0.3953***	0.0189	-0.5154***	-0.2222*	-0.5106***	-0.2600**
	（-2.7795）	（0.2029）	（-3.2418）	（-1.8351）	（-5.0159）	（-1.9678）

续表

	按照城投平台有息债务规模划分		按照负债率（宽口径）划分		按照债务率（宽口径）划分	
常数项	0.0895*** （5.6092）	0.0895*** （5.6092）	0.0127 （0.0854）	−0.4774** （−2.1075）	−0.0173 （−0.1048）	−0.3223 （−1.5664）
观测值	285	285	285	285	285	285
地区固定效应	控制	控制	控制	控制	控制	控制
时间固定效应	控制	控制	控制	控制	控制	控制
AR（1）	0.123	0.010	0.102	0.009	0.000	0.008
AR（2）	0.328	0.258	0.666	0.308	0.618	0.264
Sargan	0.276	0.164	0.087	0.649	0.298	0.994

注：括号内的数值对于系统GMM模型为*z*统计量值。*、**、***分别代表10%、5%、1%的显著水平。AR（1）、AR（2）与Sargan检验输出结果为*P*值。

表4-11旨在按照城投平台有息债务规模、负债率（宽口径）和债务率（宽口径）三种划分方式，考察高地方债务地区和低地方债务地区的财政收入分权对经济增长外向性的影响。其中第（1）和（2）列为按照城投平台有息债务规模划分，财政收入分权对经济增长外向性的影响，第（1）列显示，解释变量*L.FD*1的估计系数为0.1242，但并未通过10%及以下的显著性检验，第（2）列显示，解释变量*L.FD*1的估计系数为0.1067，但并未通过10%及以下的显著性检验。其中第（3）和（4）列为按照负债率（宽口径）划分，财政收入分权对经济增长外向性的影响，第（3）列显示，解释变量*L.FD*1的估计系数为0.1820，且在10%的水平上显著，第（4）列显示，解释变量*L.FD*1的估计系数为0.0479，但并未通过10%及以下的显著性检验。其中第（5）和（6）列为按照债务率（宽口径）划分，财政收入分权对经济增长外向性的影响，第（5）列显示，解释变量*L.FD*1的估计系数为0.1679，且在10%的水平上显著，第（6）列显示，解释变量*L.FD*1的估计系数为0.1118，但并未通过10%及以下的显著性检验。由于核心解释变量*L.FD*1的估计系数并不显著，第（1）和（2）列的对比结果并没有意义。第（3）和（4）列的对比结果，以及第（5）和（6）列的对比结果显示，按照负债率（宽口径）与债务率（宽口径）划分，在高地方债务地区，财政收入

分权对经济增长外向性具有显著的提升作用，而在低地方债务地区，财政收入分权对经济增长外向性没有影响。

表4-11 **财政收入分权对经济增长外向性的影响——三种地方债务划分方式下的分析**

	按照城投平台有息债务规模划分		按照负债率（宽口径）划分		按照债务率（宽口径）划分	
	高地方债务地区	低地方债务地区	高地方债务地区	低地方债务地区	高地方债务地区	低地方债务地区
	（1）	（2）	（3）	（4）	（5）	（6）
变量	ln*QEG*4	ln*QEG*4	ln*QEG*4	ln*QEG*4	ln*QEG*4	ln*QEG*4
L.ln*QEG*4	0.9446*** （43.3568）	0.9074*** （34.5498）	0.9393*** （62.6631）	0.9392*** （73.3521）	0.9438*** （67.7509）	0.9312*** （66.3123）
*L.FD*1	0.1242 （0.9097）	0.1067 （0.6097）	0.1820* （1.8832）	0.0479 （0.4709）	0.1679* （1.8213）	0.1118 （1.0906）
常数项	−0.0900 （−0.7438）	0.1886 （1.1923）	0.0197 （0.1417）	−0.3746*** （−2.9963）	−0.1776 （−1.2850）	0.0147 （0.1181）
观测值	285	285	285	285	285	285
地区固定效应	控制	控制	控制	控制	控制	控制
时间固定效应	控制	控制	控制	控制	控制	控制
AR（1）	0.047	0.024	0.000	0.000	0.000	0.000
AR（2）	0.346	0.137	0.322	0.083	0.244	0.127
Sargan	1.000	0.584	0.975	0.228	0.059	0.741

注：括号内的数值对于系统GMM模型为*z*统计量值。*、**、***分别代表10%、5%、1%的显著水平。AR（1）、AR（2）与Sargan检验输出结果为*P*值。

表4-12旨在按照城投平台有息债务规模、负债率（宽口径）和债务率（宽口径）三种划分方式，考察高地方债务地区和低地方债务地区

的财政收入分权对人力资本的影响。其中第（1）和（2）列为按照城投平台有息债务规模划分，财政收入分权对人力资本的影响，第（1）列显示，解释变量*L.FD*1的估计系数为0.4742，且在1%的水平上显著，第（2）列显示，解释变量*L.FD*1的估计系数为0.7708，且在1%的水平上显著。其中第（3）和（4）列为按照负债率（宽口径）划分，财政收入分权对人力资本的影响，第（3）列显示，解释变量*L.FD*1的估计系数为0.6043，且在1%的水平上显著，第（4）列显示，解释变量*L.FD*1的估计系数为0.7804，且在1%的水平上显著。其中第（5）和（6）列为按照债务率（宽口径）划分，财政收入分权对人力资本的影响，第（5）列显示，解释变量*L.FD*1的估计系数为0.0817，且在1%的水平上显著，第（6）列显示，解释变量*L.FD*1的估计系数为0.0837，且在1%的水平上显著。第（1）至（6）列显示，按照城投平台有息债务规模、负债率（宽口径）和债务率（宽口径）三种划分方式，在高地方债务地区和低地方债务地区，财政收入分权对人力资本都具有显著的提升作用。而且第（1）和（2）列的对比结果、第（3）和（4）列的对比结果，以及第（5）和（6）列的对比结果均显示，与高地方债务地区相比，在低地方债务地区，财政收入分权对人力资本具有更大的提升作用。

表4-12　**财政收入分权对人力资本的影响——三种地方债务划分方式下的分析**

	按照城投平台有息债务规模划分		按照负债率（宽口径）划分		按照债务率（宽口径）划分	
	高地方债务地区	低地方债务地区	高地方债务地区	低地方债务地区	高地方债务地区	低地方债务地区
	（1）	（2）	（3）	（4）	（5）	（6）
变量	ln*QEG*5	ln*QEG*5	ln*QEG*5	ln*QEG*5	ln*QEG*5	ln*QEG*5
*L.*ln*QEG*5	0.9166***	0.8016***	0.8878***	0.8441***	0.8504***	0.8188***
	（34.8632）	（15.9916）	（25.1312）	（20.9947）	（26.7005）	（20.2905）
*L.FD*1	0.4742***	0.7708***	0.6043***	0.7804***	0.0817***	0.0837***
	（4.3874）	（2.8801）	（3.3533）	（4.3361）	（4.0261）	（3.3675）

续表

	按照城投平台有息债务规模划分		按照负债率（宽口径）划分		按照债务率（宽口径）划分	
常数项	0.9457*** （3.4883）	2.0657*** （4.1198）	1.1814*** （3.6184）	1.7339*** （3.9159）	0.3315*** （4.6244）	0.4227*** （4.7396）
观测值	285	285	285	285	285	285
地区固定效应	控制	控制	控制	控制	控制	控制
时间固定效应	控制	控制	控制	控制	控制	控制
AR（1）	0.000	0.001	0.000	0.002	0.000	0.001
AR（2）	0.396	0.346	0.933	0.553	0.498	0.859
Sargan	0.599	0.384	0.158	0.685	0.395	0.137

注：括号内的数值对于系统GMM模型为*z*统计量值。*、**、***分别代表10%、5%、1%的显著水平。AR（1）、AR（2）与Sargan检验输出结果为*P*值。

表4-13旨在按照城投平台有息债务规模、负债率（宽口径）和债务率（宽口径）三种划分方式，考察高地方债务地区和低地方债务地区的财政收入分权对生态资本的影响。其中第（1）和（2）列为按照城投平台有息债务规模划分，财政收入分权对生态资本的影响，第（1）列显示，解释变量*L.FD*1的估计系数为0.1305，且在1%的水平上显著，第（2）列显示，解释变量*L.FD*1的估计系数为-0.0691，但并未通过10%及以下的显著性检验。其中第（3）和（4）列为按照负债率（宽口径）划分，财政收入分权对生态资本的影响，第（3）列显示，解释变量*L.FD*1的估计系数为0.1628，且在1%的水平上显著，第（4）列显示，解释变量*L.FD*1的估计系数为-0.0307，但并未通过10%及以下的显著性检验。其中第（5）和（6）列为按照债务率（宽口径）划分，财政收入分权对生态资本的影响，第（5）列显示，解释变量*L.FD*1的估计系数为0.1333，且在1%的水平上显著，第（6）列显示，解释变量*L.FD*1的估计系数为-0.0075，但并未通过10%及以下的显著性检验。

第（1）和（2）列的对比结果、第（3）和（4）列的对比结果，以及第（5）和（6）列的对比结果显示，按照城投平台有息债务规模、负债率（宽口径）和债务率（宽口径）三种划分方式，在高地方债务地区，财政收入分权对生态资本都具有显著的提升作用。而在低地方债务地区，财政收入分权对生态资本没有影响。

表4-13　**财政收入分权对生态资本的影响——三种地方债务划分方式下的分析**

	按照城投平台有息债务规模划分		按照负债率（宽口径）划分		按照债务率（宽口径）划分	
	高地方债务地区	低地方债务地区	高地方债务地区	低地方债务地区	高地方债务地区	低地方债务地区
	（1）	（2）	（3）	（4）	（5）	（6）
变量	ln*QEG*6	ln*QEG*6	ln*QEG*6	ln*QEG*6	ln*QEG*6	ln*QEG*6
*L.*ln*QEG*6	0.9939*** （60.2734）	0.9647*** （36.6442）	0.9782*** （98.1971）	0.9732*** （106.3947）	0.9768*** （89.7254）	0.9934*** （118.8575）
*L.FD*1	0.1305*** （2.5978）	−0.0691 （−0.8178）	0.1628*** （4.0121）	−0.0307 （−0.6366）	0.1333*** （3.3315）	−0.0075 （−0.1566）
常数项	−0.2562** （−2.1103）	0.0215 （0.1936）	−0.3564*** （−4.7359）	0.0846 （1.1447）	−0.1908** （−2.5534）	−0.0260 （−0.3781）
观测值	285	285	285	285	285	285
地区固定效应	控制	控制	控制	控制	控制	控制
时间固定效应	控制	控制	控制	控制	控制	控制
AR（1）	0.007	0.019	0.000	0.000	0.017	0.007
AR（2）	0.481	0.287	0.149	0.074	0.487	0.061
Sargan	1.000	0.346	0.373	0.085	1.000	1.000

注：括号内的数值对于系统GMM模型为*z*统计量值。*、**、***分别代表10%、5%、1%的显著水平。AR（1）、AR（2）与Sargan检验输出结果为*P*值。

2）地方债务分组下，财政支出分权对经济增长质量分项的影响

本部分基于城投平台有息债务规模、负债率（宽口径）和债务率（宽口径）三种划分方式，考察高地方债务地区和低地方债务地区的财政支出分权对经济增长质量分项的不同影响。其中经济增长质量分项包括经济增长强度、经济增长稳定性、产业结构合理化、经济增长外向性、人力资本和生态资本六个方面。

表4-14旨在按照城投平台有息债务规模、负债率（宽口径）和债务率（宽口径）三种划分方式，考察高地方债务地区和低地方债务地区的财政支出分权对经济增长强度的影响。其中第（1）和（2）列为按照城投平台有息债务规模划分，财政支出分权对经济增长强度的影响，第（1）列显示，解释变量 *L.FD*2 的估计系数为0.2500，且在5%的水平上显著，第（2）列显示，解释变量 *L.FD*2 的估计系数为0.1235，但并未通过10%及以下的显著性检验。其中第（3）和（4）列为按照负债率（宽口径）划分，财政支出分权对经济增长强度的影响，第（3）列显示，解释变量 *L.FD*2 的估计系数为0.3255，且在1%的水平上显著，第（4）列显示，解释变量 *L.FD*2 的估计系数为0.0292，但并未通过10%及以下的显著性检验。其中第（5）和（6）列为按照债务率（宽口径）划分，财政支出分权对经济增长强度的影响，第（5）列显示，解释变量 *L.FD*2 的估计系数为0.3891，且在1%的水平上显著，第（6）列显示，解释变量 *L.FD*2 的估计系数为−0.0985，但并未通过10%及以下的显著性检验。第（1）和（2）列的对比结果、第（3）和（4）列的对比结果以及第（5）和（6）列的对比结果显示，按照城投平台有息债务规模、负债率（宽口径）和债务率（宽口径）划分，在高地方债务地区，财政支出分权对经济增长强度具有显著的提升作用。而在低地方债务地区，财政支出分权对经济增长强度没有影响。

表4-14 **财政支出分权对经济增长强度的影响——三种地方债务划分方式下的分析**

	按照城投平台有息债务规模划分		按照负债率（宽口径）划分		按照债务率（宽口径）划分	
	高地方债务地区	低地方债务地区	高地方债务地区	低地方债务地区	高地方债务地区	低地方债务地区
	（1）	（2）	（3）	（4）	（5）	（6）
变量	ln*QEG*1	ln*QEG*1	ln*QEG*1	ln*QEG*1	ln*QEG*1	ln*QEG*1
L.ln*QEG*1	1.0094*** （73.8327）	1.0374*** （57.4643）	1.0068*** （87.6024）	1.0485*** （59.4908）	1.0036*** （89.8560）	1.0451*** （75.1727）
*L.FD*2	0.2500** （2.0898）	0.1235 （0.8378）	0.3255*** （2.7430）	0.0292 （0.3436）	0.3891*** （3.9241）	-0.0985 （-0.8633）
常数项	0.3000* （1.7927）	0.1469 （0.9875）	0.2389 （1.5716）	0.2326 （0.7202）	0.3663*** （2.6139）	0.1771** （2.0599）
观测值	285	285	285	285	285	285
地区固定效应	控制	控制	控制	控制	控制	控制
时间固定效应	控制	控制	控制	控制	控制	控制
AR（1）	0.055	0.026	0.031	0.068	0.021	0.110
AR（2）	0.319	0.284	0.170	0.809	0.107	0.831
Sargan	0.917	0.097	0.185	0.290	0.628	0.065

注：括号内的数值对于系统GMM模型为*z*统计量值。*、**、***分别代表10%、5%、1%的显著水平。AR（1）、AR（2）与Sargan检验输出结果为*P*值。

表4-15旨在按照城投平台有息债务规模、负债率（宽口径）和债务率（宽口径）三种划分方式，考察高地方债务地区和低地方债务地区的财政支出分权对经济增长稳定性的影响。其中第（1）和（2）列为按照城投平台有息债务规模划分，财政支出分权对经济增长稳定性的影响，第（1）列显示，解释变量*L.FD*2的估计系数为-0.0134，但并未通过10%及以下的显著性检验，第（2）列显示，解释变量*L.FD*2的估计

系数为-0.5400，且在1%的水平上显著。其中第（3）和（4）列为按照负债率（宽口径）划分，财政支出分权对经济增长稳定性的影响，第（3）列显示，解释变量*L.FD*2的估计系数为-0.1176，但并未通过10%及以下的显著性检验，第（4）列显示，解释变量*L.FD*2的估计系数为-0.2451，但并未通过10%及以下的显著性检验。其中第（5）和（6）列为按照债务率（宽口径）划分，财政支出分权对经济增长稳定性的影响，第（5）列显示，解释变量*L.FD*2的估计系数为-0.1911，但并未通过10%及以下的显著性检验，第（6）列显示，解释变量*L.FD*2的估计系数为-0.2311，但并未通过10%及以下的显著性检验。第（1）和（2）列的对比结果显示，按照城投平台有息债务规模划分，在高地方债务地区，财政支出分权对经济增长稳定性没有影响。但在低地方债务地区，财政支出分权对经济增长稳定性具有显著的降低作用。由于解释变量*L.FD*2的估计系数并不显著，第（3）和（4）列的对比结果，以及第（5）和（6）列的对比结果并没有意义。

表4-15　**财政支出分权对经济增长稳定性的影响——三种地方债务划分方式下的分析**

	按照城投平台有息债务规模划分		按照负债率（宽口径）划分		按照债务率（宽口径）划分	
	高地方债务地区	低地方债务地区	高地方债务地区	低地方债务地区	高地方债务地区	低地方债务地区
	（1）	（2）	（3）	（4）	（5）	（6）
变量	ln*QEG*2	ln*QEG*2	ln*QEG*2	ln*QEG*2	ln*QEG*2	ln*QEG*2
*L.*ln*QEG*2	0.5330*** (13.8856)	0.5699*** (17.1241)	0.5656*** (12.6746)	0.5656*** (12.6746)	0.4890*** (7.7258)	0.5390*** (10.1705)
*L.FD*2	-0.0134 (-0.1067)	-0.5400*** (-2.8764)	-0.1176 (-1.0156)	-0.2451 (-0.8445)	-0.1911 (-1.2725)	-0.2311 (-0.9015)
常数项	1.2893*** (4.2118)	1.1856*** (4.3469)	1.3169*** (4.5447)	0.0691 (0.1801)	0.6382* (1.7744)	1.1364*** (4.2374)
观测值	285	285	285	285	285	285

续表

	按照城投平台有息债务规模划分		按照负债率（宽口径）划分		按照债务率（宽口径）划分	
地区固定效应	控制	控制	控制	控制	控制	控制
时间固定效应	控制	控制	控制	控制	控制	控制
AR（1）	0.000	0.000	0.001	0.001	0.000	0.002
AR（2）	0.066	0.054	0.071	0.067	0.110	0.053
Sargan	0.198	0.052	0.916	0.159	0.069	1.000

注：括号内的数值对于系统GMM模型为z统计量值。*、**、***分别代表10%、5%、1%的显著水平。AR（1）、AR（2）与Sargan检验输出结果为P值。

表4-16旨在按照城投平台有息债务规模、负债率（宽口径）和债务率（宽口径）三种划分方式，考察高地方债务地区和低地方债务地区的财政支出分权对产业结构合理化的影响。其中第（1）和（2）列为按照城投平台有息债务规模划分，财政支出分权对产业结构合理化的影响，第（1）列显示，解释变量*L.FD*2的估计系数为-0.3579，且在1%的水平上显著，第（2）列显示，解释变量*L.FD*2的估计系数为0.0053，但并未通过10%及以下的显著性检验。其中第（3）和（4）列为按照负债率（宽口径）划分，财政支出分权对产业结构合理化的影响，第（3）列显示，解释变量*L.FD*2的估计系数为-0.5098，且在1%的水平上显著，第（4）列显示，解释变量*L.FD*2的估计系数为-0.2290，且在5%的水平上显著。其中第（5）和（6）列为按照债务率（宽口径）划分，财政支出分权对产业结构合理化的影响，第（5）列显示，解释变量*L.FD*2的估计系数为-0.4958，且在1%的水平上显著，第（6）列显示，解释变量*L.FD*2的估计系数为-0.2569，且在5%的水平上显著。第（1）和（2）列的对比结果显示，按照城投平台有息债务规模划分，在高地方债务地区，财政支出分权对产业结构合理化具有显著的降低作用。但在低地方债务地区，财政支出分权对产业结构合理化没有影响。第（3）至（6）列显示，按照负债率（宽口径）和债务率（宽口径）划分，在高地方债务地区和低地方债务地区，财政支出分权对产业结构合

理化都具有显著的降低作用。而且第（3）和（4）列的对比结果，以及第（5）和（6）列的对比结果显示，与低地方债务地区相比，在高地方债务地区，财政支出分权对产业结构合理化具有更大的降低作用。

表4-16　**财政支出分权对产业结构合理化的影响——三种地方债务划分方式下的分析**

	按照城投平台有息债务规模划分		按照负债率（宽口径）划分		按照债务率（宽口径）划分	
	高地方债务地区	低地方债务地区	高地方债务地区	低地方债务地区	高地方债务地区	低地方债务地区
	(1)	(2)	(3)	(4)	(5)	(6)
变量	ln*QEG*3	ln*QEG*3	ln*QEG*3	ln*QEG*3	ln*QEG*3	ln*QEG*3
L.ln*QEG*3	0.9329*** (44.0677)	0.9524*** (46.7252)	0.8862*** (44.0047)	0.9000*** (27.0302)	0.8970*** (45.0005)	0.8931*** (24.7453)
L.*FD*2	-0.3579*** (-3.3536)	0.0053 (0.0586)	-0.5098*** (-5.0837)	-0.2290** (-1.9792)	-0.4958*** (-5.1444)	-0.2569** (-2.1536)
常数项	-0.0148 (-0.0916)	-0.4335** (-2.4211)	0.0194 (0.1230)	-0.6310** (-2.2050)	-0.0062 (-0.0377)	-0.3211 (-1.5726)
观测值	285	285	285	285	285	285
地区固定效应	控制	控制	控制	控制	控制	控制
时间固定效应	控制	控制	控制	控制	控制	控制
AR（1）	0.000	0.010	0.000	0.010	0.000	0.008
AR（2）	0.639	0.258	0.518	0.296	0.620	0.264
Sargan	0.200	0.157	0.169	1.000	1.000	1.000

注：括号内的数值对于系统GMM模型为*z*统计量值。*、**、***分别代表10%、5%、1%的显著水平。AR（1）、AR（2）与Sargan检验输出结果为*P*值。

表4-17旨在按照城投平台有息债务规模、负债率（宽口径）和债务率（宽口径）三种划分方式，考察高地方债务地区和低地方债务地区的财政支出分权对经济增长外向性的影响。其中第（1）和（2）列为按

照城投平台有息债务规模划分，财政支出分权对经济增长外向性的影响，第（1）列显示，解释变量*L.FD*2的估计系数为0.1465，且在5%的水平上显著，第（2）列显示，解释变量*L.FD*2的估计系数为0.0989，但并未通过10%及以下的显著性检验。其中第（3）和（4）列为按照负债率（宽口径）划分，财政支出分权对经济增长外向性的影响，第（3）列显示，解释变量*L.FD*2的估计系数为0.1825，且在10%的水平上显著，第（4）列显示，解释变量*L.FD*2的估计系数为-0.1675，且在10%的水平上显著。其中第（5）和（6）列为按照债务率（宽口径）划分，财政支出分权对经济增长外向性的影响，第（5）列显示，解释变量*L.FD*2的估计系数为0.1699，且在10%的水平上显著，第（6）列显示，解释变量*L.FD*2的估计系数为0.1274，但并未通过10%及以下的显著性检验。第（1）和（2）列的对比结果，以及第（5）和（6）列的对比结果显示，按照城投平台有息债务规模和债务率（宽口径）划分，在高地方债务地区，财政支出分权对经济增长外向性具有显著的提高作用。但在低地方债务地区，财政支出分权对经济增长外向性没有影响。第（3）和（4）列的对比结果显示，按照负债率（宽口径）划分，在高地方债务地区，财政支出分权对经济增长外向性具有显著的提高作用。但在低地方债务地区，财政支出分权对经济增长外向性具有显著的降低作用。

表4-17　**财政支出分权对经济增长外向性的影响——三种地方债务划分方式下的分析**

	按照城投平台有息债务规模划分		按照负债率（宽口径）划分		按照债务率（宽口径）划分	
	高地方债务地区	低地方债务地区	高地方债务地区	低地方债务地区	高地方债务地区	低地方债务地区
	（1）	（2）	（3）	（4）	（5）	（6）
变量	ln*QEG*4	ln*QEG*4	ln*QEG*4	ln*QEG*4	ln*QEG*4	ln*QEG*4
L.ln*QEG*4	0.9402^{***} （78.7004）	0.9077^{***} （50.6950）	0.9374^{***} （59.9430）	0.9791^{***} （74.6973）	0.9417^{***} （64.4460）	0.9287^{***} （63.7249）

续表

	按照城投平台有息债务规模划分		按照负债率（宽口径）划分		按照债务率（宽口径）划分	
*L.FD*2	0.1465** (2.0526)	0.0989 (0.7835)	0.1825* (1.9051)	−0.1675* (−1.7082)	0.1699* (1.8435)	0.1274 (1.2715)
常数项	−0.1132 (−1.0666)	0.1908 (1.2168)	0.0150 (0.1076)	−0.2428** (−1.9680)	−0.1862 (−1.3314)	0.0033 (0.0262)
观测值	285	285	285	285	285	285
地区固定效应	控制	控制	控制	控制	控制	控制
时间固定效应	控制	控制	控制	控制	控制	控制
AR（1）	0.000	0.000	0.000	0.000	0.000	0.000
AR（2）	0.134	0.334	0.322	0.076	0.245	0.128
Sargan	0.149	0.607	0.943	0.766	0.102	0.644

注：括号内的数值对于系统GMM模型为*z*统计量值。*、**、***分别代表10%、5%、1%的显著水平。AR（1）、AR（2）与Sargan检验输出结果为*P*值。

表4-18旨在按照城投平台有息债务规模、负债率（宽口径）和债务率（宽口径）三种划分方式，考察高地方债务地区和低地方债务地区的财政支出分权对人力资本的影响。其中第（1）和（2）列为按照城投平台有息债务规模划分，财政支出分权对人力资本的影响，第（1）列显示，解释变量*L.FD*2的估计系数为0.1808，且在1%的水平上显著，第（2）列显示，解释变量*L.FD*2的估计系数为0.4361，且在1%的水平上显著。其中第（3）和（4）列为按照负债率（宽口径）划分，财政支出分权对人力资本的影响，第（3）列显示，解释变量*L.FD*2的估计系数为0.2342，且在5%的水平上显著，第（4）列显示，解释变量*L.FD*2的估计系数为0.3856，且在1%的水平上显著。其中第（5）和（6）列为按照债务率（宽口径）划分，财政支出分权对人力资本的影响，第（5）列结果显示，解释变量*L.FD*2的估计系数为0.0317，且在1%的水平上显著，第（6）列结果显示，解释变量*L.FD*2的估计系数为0.0406，且在1%的水平上显著。第（1）至（6）列的结果显示，按照城投平台

有息债务规模、负债率（宽口径）和债务率（宽口径）三种划分方式，在高地方债务地区和低地方债务地区，财政支出分权对人力资本都具有显著的提高作用。而且第（1）和（2）列的对比结果、第（3）和（4）列的对比结果，以及第（5）和（6）列的对比结果显示，与低地方债务地区相比，在高地方债务地区，财政支出分权对人力资本的提升作用较小。

表4-18　　**财政支出分权对人力资本的影响——三种地方债务划分方式下的分析**

	按照城投平台有息债务规模划分		按照负债率（宽口径）划分		按照债务率（宽口径）划分	
	高地方债务地区	低地方债务地区	高地方债务地区	低地方债务地区	高地方债务地区	低地方债务地区
	（1）	（2）	（3）	（4）	（5）	（6）
变量	ln*QEG5*	ln*QEG5*	ln*QEG5*	ln*QEG5*	ln*QEG5*	ln*QEG5*
*L.*ln*QEG5*	0.9676*** （67.3021）	0.8833*** （31.5778）	0.9492*** （43.3056）	0.9248*** （40.4764）	0.9237*** （50.0855）	0.8855*** （39.7839）
L.FD2	0.1808*** （3.6631）	0.4361*** （2.9455）	0.2342** （2.5524）	0.3856*** （4.0765）	0.0317*** （3.2105）	0.0406*** （2.8009）
常数项	0.5796*** （3.1644）	1.2110*** （4.1591）	0.6985*** （3.3987）	0.9490*** （3.4765）	0.1849*** （4.1760）	0.2863*** （5.4792）
观测值	285	285	285	285	285	285
地区固定效应	控制	控制	控制	控制	控制	控制
时间固定效应	控制	控制	控制	控制	控制	控制
AR（1）	0.000	0.001	0.000	0.002	0.000	0.001
AR（2）	0.445	0.345	0.917	0.593	0.439	0.874
Sargan	0.813	0.936	0.676	0.896	0.922	0.882

注：括号内的数值对于系统GMM模型为z统计量值。*、**、***分别代表10%、5%、1%的显著水平。AR（1）、AR（2）与Sargan检验输出结果为P值。

表4-19旨在按照城投平台有息债务规模、负债率（宽口径）和债务率（宽口径）三种划分方式，考察高地方债务地区和低地方债务地区的财政支出分权对生态资本的影响。其中第（1）和（2）列为按照城投平台有息债务规模划分，财政支出分权对生态资本的影响，第（1）列显示，解释变量*L.FD*2的估计系数为0.0855，且在5%的水平上显著，第（2）列显示，解释变量*L.FD*2的估计系数为-0.0561，但并未通过10%及以下的显著性检验。其中第（3）和（4）列为按照负债率（宽口径）划分，财政支出分权对生态资本的影响，第（3）列显示，解释变量*L.FD*2的估计系数为0.1577，且在1%的水平上显著，第（4）列显示，解释变量*L.FD*2的估计系数为-0.0260，但并未通过10%及以下的显著性检验。其中第（5）和（6）列为按照债务率（宽口径）划分，财政支出分权对生态资本的影响，第（5）列显示，解释变量*L.FD*2的估计系数为0.1429，且在1%的水平上显著，第（6）列显示，解释变量*L.FD*2的估计系数为0.0202，但并未通过10%及以下的显著性检验。第（1）和（2）列、第（3）和（4）列，以及第（5）和（6）列的对比结果显示，按照城投平台有息债务规模、负债率（宽口径）和债务率（宽口径）划分，在高地方债务地区，财政支出分权对生态资本具有显著的提高作用。但在低地方债务地区，财政支出分权对生态资本没有影响。

表4-19 **财政支出分权对生态资本的影响——三种地方债务划分方式下的分析**

	按照城投平台有息债务规模划分		按照负债率（宽口径）划分		按照债务率（宽口径）划分	
	高地方债务地区	低地方债务地区	高地方债务地区	低地方债务地区	高地方债务地区	低地方债务地区
	（1）	（2）	（3）	（4）	（5）	（6）
变量	ln*QEG*6	ln*QEG*6	ln*QEG*6	ln*QEG*6	ln*QEG*6	ln*QEG*6
L.ln*QEG*6	1.0127*** （61.6527）	0.9647*** （36.4271）	0.9776*** （97.9923）	0.9906*** （94.0797）	0.9823*** （90.1662）	0.9742*** （114.0200）

续表

	按照城投平台有息债务规模划分		按照负债率（宽口径）划分		按照债务率（宽口径）划分	
*L.FD*2	0.0855** (2.0248)	0.0561 (−0.7000)	0.1577*** (4.0829)	−0.0260 (−0.5901)	0.1429*** (3.6809)	0.0202 (0.4410)
常数项	−0.2394* (−1.8809)	0.0159 (0.1435)	−0.3578*** (−4.7741)	0.1020 (1.3730)	−0.2150*** (−2.6049)	−0.0557 (−0.7927)
观测值	285	285	285	285	285	285
地区固定效应	控制	控制	控制	控制	控制	控制
时间固定效应	控制	控制	控制	控制	控制	控制
AR（1）	0.007	0.019	0.000	0.047	0.065	0.000
AR（2）	0.495	0.287	0.148	0.467	0.112	0.079
Sargan	1.000	0.417	0.314	0.106	1.000	1.000

注：括号内的数值对于系统GMM模型为*z*统计量值。*、**、***分别代表10%、5%、1%的显著水平。AR（1）、AR（2）与Sargan检验输出结果为*P*值。

4.3.4 地方债务分组下财政分权对经济增长质量的影响——基于分地区的研究

本部分继续基于城投平台有息债务规模、负债率（宽口径）和债务率（宽口径）的三种对地方债务的划分方式，分别考察了在三类地区的高地方债务地区和低地方债务地区，财政分权对经济增长质量的不同影响。

1）分地区的地方债务分组下，财政收入分权对经济增长质量的影响

表4-20旨在按照三种地方债务划分方式，考察在第一类地区的高地方债务地区和低地方债务地区，财政收入分权对经济增长质量的不同影响。其中第（1）和（2）列为第一类地区按照城投平台有息债务规模划分，财政收入分权对经济增长质量的影响，第（1）列显示，解释变

量*L.FD*1的估计系数为0.1642，且在5%的水平上显著，第（2）列显示，解释变量*L.FD*1的估计系数为0.1190，且在1%的水平上显著。其中第（3）和（4）列为第一类地区按照负债率（宽口径）划分，财政收入分权对经济增长质量的影响，第（3）列显示，解释变量*L.FD*1的估计系数为0.1960，且在1%的水平上显著，第（4）列显示，解释变量*L.FD*1的估计系数为0.1203，且在5%的水平上显著。其中第（5）和（6）列为第一类地区按照债务率（宽口径）划分，财政收入分权对经济增长质量的影响，第（5）列显示，解释变量*L.FD*1的估计系数为0.2021，且在5%的水平上显著，第（6）列显示，解释变量*L.FD*1的估计系数为0.1675，且在1%的水平上显著。第（1）—（6）列*L.FD*1的回归系数表明，按照城投平台有息债务规模、负债率（宽口径）和债务率（宽口径）三种划分方式，在第一类地区的高地方债务地区和低地方债务地区，财政收入分权对经济增长质量都具有显著提升作用。而且第（1）和（2）列的对比结果、第（3）和（4）列的对比结果，以及第（5）和（6）列的对比结果显示，与第一类地区的低地方债务地区相比，在第一类地区的高地方债务地区，财政收入分权对经济增长质量具有更大的提升作用。

表4-20 财政收入分权对经济增长质量的影响——第一类地区三种地方债务划分方式下的分析

	（1）	（2）	（3）	（4）	（5）	（6）
	按照城投平台有息债务规模划分		按照负债率（宽口径）划分		按照债务率（宽口径）划分	
	高地方债务地区	低地方债务地区	高地方债务地区	低地方债务地区	高地方债务地区	低地方债务地区
变量	*QEG*	*QEG*	*QEG*	*QEG*	*QEG*	*QEG*
L.QEG	0.8405*** (30.9582)	0.9115*** (25.7895)	0.8047*** (25.1896)	0.9209*** (25.8585)	0.8153*** (13.5318)	0.8901*** (23.0417)
*L.FD*1	0.1642** (2.3843)	0.1190*** (2.7241)	0.1960*** (4.5970)	0.1203** (2.1891)	0.2021** (2.4625)	0.1675*** (2.9031)

续表

	(1)	(2)	(3)	(4)	(5)	(6)
常数项	0.0916*** (2.7022)	−0.0334 (−0.5476)	0.0063 (0.3167)	−0.1237 (−1.4159)	−0.0205 (−0.3981)	−0.0677 (−0.8054)
观测值	76	95	76	95	76	95
地区固定效应	控制	控制	控制	控制	控制	控制
时间固定效应	控制	控制	控制	控制	控制	控制
AR（1）	0.031	0.001	0.040	0.001	0.010	0.000
AR（2）	0.954	0.759	0.595	0.361	0.749	0.364
Sargan	0.084	0.912	0.051	0.137	0.294	1.000

注：括号内的数值对于系统GMM模型为*z*统计量值。*、**、***分别代表10%、5%、1%的显著水平。AR（1）、AR（2）与Sargan检验输出结果为*P*值。

表4-21旨在按照三种地方债务划分方式，考察在第二类地区的高地方债务地区和低地方债务地区，财政收入分权对经济增长质量的不同影响。其中第（1）和（2）列为第二类地区按照城投平台有息债务规模划分，财政收入分权对经济增长质量的影响，第（1）列显示，解释变量*L.FD*1的估计系数为-0.0203，但并未通过10%及以下的显著性检验，第（2）列显示，解释变量*L.FD*1的估计系数为0.0121，但并未通过10%及以下的显著性检验。其中第（3）和（4）列为第二类地区按照负债率（宽口径）划分，财政收入分权对经济增长质量的影响，第（3）列显示，解释变量*L.FD*1的估计系数为-0.0237，但并未通过10%及以下的显著性检验，第（4）列显示，解释变量*L.FD*1的估计系数为0.0005，但并未通过10%及以下的显著性检验。其中第（5）和（6）列为第二类地区按照债务率（宽口径）划分，财政收入分权对经济增长质量的影响，第（5）列显示，解释变量*L.FD*1的估计系数为-0.0072，但并未通过10%及以下的显著性检验，第（6）列显示，解释变量*L.FD*1的估计系数为-0.0229，但并未通过10%及以下的显著性检验。由于核

心解释变量 *L.FD*1 的估计系数均不显著，因此第（1）至（6）列的结果在本研究的实证上没有意义。

表4-21　财政收入分权对经济增长质量的影响——第二类地区三种地方债务划分方式下的分析

	（1）	（2）	（3）	（4）	（5）	（6）
	按照城投平台有息债务规模划分		按照负债率（宽口径）划分		按照债务率（宽口径）划分	
	高地方债务地区	低地方债务地区	高地方债务地区	低地方债务地区	高地方债务地区	低地方债务地区
变量	*QEG*	*QEG*	*QEG*	*QEG*	*QEG*	*QEG*
L.QEG	0.7782*** （15.4114）	0.7993*** （16.1110）	0.8071*** （17.1969）	0.7679*** （14.9684）	0.8153*** （16.8958）	0.7921*** （16.4828）
*L.FD*1	-0.0203 （-0.3537）	0.0121 （0.2021）	-0.0237 （-0.4453）	0.0005 （0.0079）	-0.0072 （-0.1380）	-0.0229 （-0.3950）
常数项	0.1139** （1.9671）	0.1035 （1.4639）	0.1551** （2.4571）	0.0823 （1.2671）	0.1629*** （3.0635）	0.0787 （1.4426）
观测值	95	95	95	95	95	95
地区固定效应	控制	控制	控制	控制	控制	控制
时间固定效应	控制	控制	控制	控制	控制	控制
AR（1）	0.000	0.000	0.040	0.000	0.008	0.002
AR（2）	0.651	0.553	0.732	0.584	0.447	0.543
Sargan	0.101	0.051	0.053	0.089	0.098	0.100

注：括号内的数值对于系统GMM模型为*z*统计量值。*、**、***分别代表10%、5%、1%的显著水平。AR（1）、AR（2）与Sargan检验输出结果为*P*值。

表4-22旨在按照三种地方债务划分方式，考察在第三类地区的高地方债务地区和低地方债务地区，财政收入分权对经济增长质量的不同

影响。其中第（1）和（2）列为第三类地区按照城投平台有息债务规模划分，财政收入分权对经济增长质量的影响，第（1）列显示，解释变量 *L.FD*1 的估计系数为 0.0566，但并未通过 10% 及以下的显著性检验，第（2）列显示，解释变量 *L.FD*1 的估计系数为 0.0556，且在 10% 的水平上显著。其中第（3）和（4）列为第三类地区按照负债率（宽口径）划分，财政收入分权对经济增长质量的影响，第（3）列结果显示，解释变量 *L.FD*1 的估计系数为 0.0145，但并未通过 10% 及以下的显著性检验，第（4）列结果显示，解释变量 *L.FD*1 的估计系数为 0.0650，且在 10% 的水平上显著。其中第（5）和（6）列为第三类地区按照债务率（宽口径）划分，财政收入分权对经济增长质量的影响，第（5）列显示，解释变量 *L.FD*1 的估计系数为 0.0194，但并未通过 10% 及以下的显著性检验，第（6）列显示，解释变量 *L.FD*1 的估计系数为 0.0691，且在 10% 的水平上显著。第（1）和（2）列的对比结果、第（3）和（4）列的对比结果，以及第（5）和（6）列的对比结果显示，按照城投平台有息债务规模、负债率（宽口径）和债务率（宽口径）三种划分方式，在第三类地区的高地方债务地区，财政收入分权对经济增长质量没有影响。而在第三类地区的低地方债务地区，财政收入分权对经济增长质量具有显著的提升作用。

表4-22　**财政收入分权对经济增长质量的影响——第三类地区三种地方债务划分方式下的分析**

	（1）	（2）	（3）	（4）	（5）	（6）
	按照城投平台有息债务规模划分		按照负债率（宽口径）划分		按照债务率（宽口径）划分	
	高地方债务地区	低地方债务地区	高地方债务地区	低地方债务地区	高地方债务地区	低地方债务地区
变量	*QEG*	*QEG*	*QEG*	*QEG*	*QEG*	*QEG*
L.QEG	0.6942***	0.6023***	0.8078***	0.6417***	0.7472***	0.6951***
	（10.4097）	（15.8375）	（10.3526）	（10.7157）	（11.0221）	（14.8250）

续表

	(1)	(2)	(3)	(4)	(5)	(6)
*L.FD*1	0.0566 (1.1653)	0.0556* (1.7978)	0.0145 (0.3008)	0.0650* (1.6624)	0.0194 (0.4538)	0.0691* (1.9249)
常数项	0.1876*** (2.8215)	0.1479*** (3.4167)	0.0681** (2.4863)	0.1458*** (2.8318)	0.1775*** (4.2378)	0.1179*** (3.1275)
观测值	95	114	95	114	95	114
地区固定效应	控制	控制	控制	控制	控制	控制
时间固定效应	控制	控制	控制	控制	控制	控制
AR（1）	0.003	0.024	0.049	0.002	0.060	0.010
AR（2）	0.199	0.319	0.111	0.647	0.147	0.106
Sargan	0.059	0.122	0.069	0.382	0.142	0.166

注：括号内的数值对于系统GMM模型为*z*统计量值。*、**、***分别代表10%、5%、1%的显著水平。AR（1）、AR（2）与Sargan检验输出结果为*P*值。

2）分地区的地方债务分组下，财政支出分权对经济增长质量的影响

表4-23旨在按照三种地方债务划分方式，考察在第一类地区的高地方债务地区和低地方债务地区，财政支出分权对经济增长质量的不同影响。其中第（1）和（2）列为第一类地区按照城投平台有息债务规模划分，财政支出分权对经济增长质量的影响，第（1）列显示，解释变量*L.FD*2的估计系数为0.1791，且在1%的水平上显著，第（2）列显示，解释变量*L.FD*2的估计系数为0.1259，且在1%的水平上显著。其中第（3）和（4）列为第一类地区按照负债率（宽口径）划分，财政支出分权对经济增长质量的影响，第（3）列显示，解释变量*L.FD*2的估计系数为0.1699，且在1%的水平上显著，第（4）列显示，解释变量*L.FD*2的估计系数为0.1381，且在5%的水平上显著。其中第（5）和（6）列为第一类地区按照债务率（宽口径）划分，财政支出分权对经济增长

质量的影响，第（5）列显示，解释变量 $L.FD2$ 的估计系数为0.1745，且在5%的水平上显著，第（6）列显示，解释变量 $L.FD2$ 的估计系数为0.1971，且在1%的水平上显著。第（1）至（6）列 $L.FD2$ 的回归系数表明，按照城投平台有息债务规模、负债率（宽口径）和债务率（宽口径）三种划分方式，在第一类地区的高地方债务地区和低地方债务地区，财政支出分权对经济增长质量都具有显著提升作用。而且第（1）和（2）列的对比结果，以及第（3）和（4）列的对比结果显示，按照城投平台有息债务规模和负债率（宽口径）划分，与第一类地区的低地方债务地区相比，在第一类地区的高地方债务地区，财政支出分权对经济增长质量具有更大的提升作用。第（5）和（6）列的对比结果显示，按照债务率（宽口径）划分，与第一类地区的高地方债务地区相比，在第一类地区的低地方债务地区，财政支出分权对经济增长质量具有更大的提升作用。

表4-23　**财政支出分权对经济增长质量的影响——第一类地区三种地方债务划分方式下的分析**

	（1）	（2）	（3）	（4）	（5）	（6）
	按照城投平台有息债务规模划分		按照负债率（宽口径）划分		按照债务率（宽口径）划分	
	高地方债务地区	低地方债务地区	高地方债务地区	低地方债务地区	高地方债务地区	低地方债务地区
变量	*QEG*	*QEG*	*QEG*	*QEG*	*QEG*	*QEG*
L.QEG	0.8230*** （34.9558）	0.8997*** （23.1350）	0.8149*** （24.1359）	0.8994*** （22.9502）	0.8239*** （13.4529）	0.8593*** （20.0160）
L.FD2	0.1791*** （2.8834）	0.1259*** （2.7314）	0.1699*** （3.9854）	0.1381** （2.5214）	0.1745** （2.2409）	0.1971*** （3.3161）
常数项	0.0187 （0.6212）	−0.0320 （−0.5260）	0.0113 （0.6355）	−0.1190 （−1.3920）	0.0680 （1.2410）	−0.0624 （−0.7569）
观测值	76	95	76	95	76	95

续表

	（1）	（2）	（3）	（4）	（5）	（6）
地区固定效应	控制	控制	控制	控制	控制	控制
时间固定效应	控制	控制	控制	控制	控制	控制
AR（1）	0.032	0.001	0.039	0.000	0.009	0.001
AR（2）	0.972	0.761	0.590	0.391	0.800	0.365
Sargan	0.076	0.159	0.053	0.913	0.124	1.000

注：括号内的数值对于系统GMM模型为z统计量值。*、**、***分别代表10%、5%、1%的显著水平。AR（1）、AR（2）与Sargan检验输出结果为P值。

表4-24旨在按照三种地方债务划分方式，考察在第二类地区的高地方债务地区和低地方债务地区，财政支出分权对经济增长质量的不同影响。其中第（1）和（2）列为第二类地区按照城投平台有息债务规模划分，财政支出分权对经济增长质量的影响，第（1）列显示，解释变量*L.FD*2的估计系数为-0.0236，但并未通过10%及以下的显著性检验，第（2）列显示，解释变量*L.FD*2的估计系数为0.0128，但并未通过10%及以下的显著性检验。其中第（3）和（4）列为第二类地区按照负债率（宽口径）划分，财政支出分权对经济增长质量的影响，第（3）列显示，解释变量*L.FD*2的估计系数为-0.0290，但并未通过10%及以下的显著性检验，第（4）列显示，解释变量*L.FD*2的估计系数为0.0021，但并未通过10%及以下的显著性检验。其中第（5）和（6）列为第二类地区按照债务率（宽口径）划分，财政支出分权对经济增长质量的影响，第（5）列显示，解释变量*L.FD*2的估计系数为-0.0129，但并未通过10%及以下的显著性检验，第（6）列显示，解释变量*L.FD*2的估计系数为-0.0211，但并未通过10%及以下的显著性检验。由于解释变量*L.FD*2的估计系数均不显著，第（1）至（6）列的结果在本研究的实证上没有意义。

表4-24　财政支出分权对经济增长质量的影响——第二类地区三种地方债务划分方式下的分析

	(1)	(2)	(3)	(4)	(5)	(6)
	按照城投平台有息债务规模划分		按照负债率（宽口径）划分		按照债务率（宽口径）划分	
	高地方债务地区	低地方债务地区	高地方债务地区	低地方债务地区	高地方债务地区	低地方债务地区
变量	*QEG*	*QEG*	*QEG*	*QEG*	*QEG*	*QEG*
L.QEG	0.7782*** (15.4161)	0.7994*** (16.1134)	0.8068*** (17.1926)	0.7677*** (14.9871)	0.8156*** (16.9121)	0.7919*** (16.4898)
*L.FD*2	−0.0236 (−0.4213)	0.0128 (0.2128)	−0.0290 (−0.5461)	0.0021 (0.0346)	−0.0129 (−0.2472)	−0.0211 (−0.3643)
常数项	0.1147** (1.9851)	0.1053* (1.6476)	0.1577** (2.4784)	0.0824 (1.2740)	0.1638*** (3.0710)	0.0794 (1.4568)
观测值	95	95	95	95	95	95
地区固定效应	控制	控制	控制	控制	控制	控制
时间固定效应	控制	控制	控制	控制	控制	控制
AR（1）	0.000	0.000	0.040	0.000	0.007	0.000
AR（2）	0.652	0.657	0.724	0.591	0.421	0.396
Sargan	0.091	0.051	0.054	0.184	0.099	0.099

注：括号内的数值对于系统GMM模型为z统计量值。*、**、***分别代表10%、5%、1%的显著水平。AR（1）、AR（2）与Sargan检验输出结果为P值。

表4-25旨在按照三种地方债务划分方式，考察在第三类地区的高地方债务地区和低地方债务地区，财政支出分权对经济增长质量的不同影响。其中第（1）和（2）列为第三类地区按照城投平台有息债务规模划分，财政支出分权对经济增长质量的影响，第（1）列结果显示，解

释变量*L.FD*2的估计系数为0.0521，但并未通过10%及以下的显著性检验，第（2）列结果显示，解释变量*L.FD*2的估计系数为0.0557，且在10%的水平上显著。其中第（3）和（4）列为第三类地区按照负债率（宽口径）划分，财政支出分权对经济增长质量的影响，第（3）列结果显示，解释变量*L.FD*2的估计系数为0.0137，但并未通过10%及以下的显著性检验，第（4）列结果显示，解释变量*L.FD*2的估计系数为0.0647，且在10%的水平上显著。其中第（5）和（6）列为第三类地区按照债务率（宽口径）划分，财政支出分权对经济增长质量的影响，第（5）列结果显示，解释变量*L.FD*2的估计系数为0.0168，但并未通过10%及以下的显著性检验，第（6）列结果显示，解释变量*L.FD*2的估计系数为0.0695，且在5%的水平上显著。第（1）和（2）列的对比结果、第（3）和（4）列的对比结果，以及第（5）和（6）列的对比结果显示，按照城投平台有息债务规模、负债率（宽口径）和债务率（宽口径）三种划分方式，在第三类地区的高地方债务地区，财政支出分权对经济增长质量没有影响。而在第三类地区的低地方债务地区，财政支出分权对经济增长质量具有显著的提升作用。

表4-25　**财政支出分权对经济增长质量的影响——第三类地区三种地方债务划分方式下的分析**

	（1）	（2）	（3）	（4）	（5）	（6）
	按照城投平台有息债务规模划分		按照负债率（宽口径）划分		按照债务率（宽口径）划分	
	高地方债务地区	低地方债务地区	高地方债务地区	低地方债务地区	高地方债务地区	低地方债务地区
变量	*QEG*	*QEG*	*QEG*	*QEG*	*QEG*	*QEG*
L.QEG	0.6972*** （10.4822）	0.6011*** （15.9221）	0.8080*** （10.3816）	0.6417*** （10.7163）	0.7481*** （11.1304）	0.6976*** （14.4314）
*L.FD*2	0.0521 （1.0620）	0.0557* （1.8689）	0.0137 （0.2910）	0.0647* （1.6704）	0.0168 （0.3934）	0.0695** （1.9733）

续表

	（1）	（2）	（3）	（4）	（5）	（6）
常数项	0.1878*** （2.7932）	0.1061*** （3.0398）	0.0684** （2.4463）	0.1522** （2.4637）	0.1790*** （4.0813）	0.1123*** （2.9253）
观测值	95	114	95	114	95	114
地区固定效应	控制	控制	控制	控制	控制	控制
时间固定效应	控制	控制	控制	控制	控制	控制
AR（1）	0.005	0.023	0.049	0.002	0.060	0.009
AR（2）	0.200	0.318	0.111	0.647	0.147	0.107
Sargan	0.060	0.915	0.069	0.174	0.128	0.184

注：括号内的数值对于系统GMM模型为z统计量值。*、**、***分别代表10%、5%、1%的显著水平。AR（1）、AR（2）与Sargan检验输出结果为P值。

5 财政分权影响经济增长质量的拓展分析——纳入土地财政

土地财政收入不仅可以用于填补地方财政缺口，支持城市基础设施建设、社会福利提升等公共服务，还能促进地方经济发展，吸引资金和人才流入，推动城市化进程，有效满足了地方政府的支出需求。本章研究基于土地出让金收入规模和土地财政依赖程度两种划分方式，使用我国除港澳台地区和西藏自治区以外的30个省（自治区、直辖市）2000—2019年的面板数据和动态面板系统GMM估计方法，考察了高土地财政地区和低土地财政地区，财政分权对经济增长质量及其分项的不同影响，并按照经济发展水平以及实际财力状况差异划分，进一步分析了在三类地区的高土地财政地区和低土地财政地区中，财政分权影响经济增长质量的差异。

5.1 理论分析与研究假设

虽然财政分权在高土地财政地区和低土地财政地区均能促进经济增长质量的提升，但高土地财政地区由于能够更有效地利用土地财政收益，因此在促进经济增长质量提升方面的作用更为显著。这种差异性反映了财政分权与土地财政异质性在不同地区经济增长质量提升中的复杂互动关系，凸显了针对地方经济特点和财政资源状况制定差异化财政政策的重要性。

分税制改革后，地方政府面临财政收入下降的挑战，不得不寻求新的收入来源。1998年实施的《中华人民共和国土地管理法》（修订）使地方政府有权管理土地出让收入，从而使土地财政收入成为地方政府重要的资金来源。这一变革促使土地财政收入成为解决地方财政困境的关键策略，标志着土地财政在地方财政体系中核心地位的确立。随后，土地出让收入显著增长，成为推动地方经济发展的重要力量。高土地财政地区在财政分权框架下，通过前瞻性的经济发展战略规划、资源配置的优化，以及社会公共服务的全面性，充分展现了其在推动地区经济增长质量全面提升方面的积极作用。地方政府作为经济战略的设计者和执行者，利用土地财政收入推动产业升级和经济结构的优化，通过投资教育、医疗和基础设施建设等关键领域来提升公共服务质量，同时注重生态环境保护和可持续发展，体现了财政分权在推动经济增长质量方面的战略价值。而在低土地财政地区，尽管财政分权提供了经济自主权，但由于土地财政收入有限，这些地区的地方政府在推动经济增长质量全面提升方面的作用和能力相对受限。资源约束导致这些地区难以有效实施经济结构优化与转型计划，公共资源配置效率受限，以及环境规制"逐底竞争"的挑战，均限制了经济增长质量的全面提升。

由此，提出本章的研究假设5-1-1和研究假设5-1-2，具体如下：

研究假设5-1-1：在高土地财政地区和低土地财政地区，财政收入分权对经济增长质量都具有显著提升作用。而且与低土地财政地区相比，在高土地财政地区，财政收入分权对经济增长质量具有更大的提升作用。

研究假设5-1-2：在高土地财政地区和低土地财政地区，财政支出分权对经济增长质量都具有显著提升作用。而且与低土地财政地区相比，在高土地财政地区，财政支出分权对经济增长质量具有更大的提升作用。

5.2 研究设计

5.2.1 分组回归的动态面板模型构建

为了考察高土地财政地区和低土地财政地区，财政分权对经济增长质量的影响是否存在差异，本部分在第3章基准模型（3-1）和（3-2）的基础上，引入土地财政分组变量的交互项进行分组交互检验。土地财政分组变量是根据土地财政水平划分出土地财政较高组（实验组：$land_{it}$=1）和土地财政较低组（参照组：$land_{it}$=0）。土地财政分组的思路为，计算2000—2019年各年土地财政平均值，以各年土地财政水平中位数为标准，将土地财政水平较高的15个地区和土地财政水平较低的15个地区，分别作为各年土地财政较高组和土地财政较低组。本部分土地财政分组变量包括土地出让金收入规模和土地财政依赖程度。

具体而言，为了考察高土地财政地区和低土地财政地区，财政收入分权对经济增长质量的影响是否存在差异，按照如下分组回归的动态面板估计模型（5-1）进行估计。

$$QEG_{it} = \beta_0 QEG_{it-1} + \beta_1 FD1_{it-1} + \beta_2 \ln comp_{it-1} + \beta_3 inter_{it-1} + \beta_4 \ln consum_{it-1} + \beta_5 FD1_{it-1}*land_{it-1} + \delta_i + \rho_t + \varepsilon_{it} \tag{5-1}$$

为了考察高土地财政地区和低土地财政地区，财政支出分权对经济增长质量的影响是否存在差异，按照如下分组回归的动态面板估计模型（5-2）进行估计。

$$QEG_{it} = \beta_0 QEG_{it-1} + \beta_1 FD2_{it-1} + \beta_2 \ln comp_{it-1} + \beta_3 inter_{it-1} + \beta_4 \ln consum_{it-1} + \beta_5 FD2_{it-1}*land_{it-1} + \delta_i + \rho_t + \varepsilon_{it} \tag{5-2}$$

其中：QEG_{it}表示地区i在t年度经济增长质量的对数；QEG_{it-1}表示地区i在t-1年度经济增长质量的对数；$FD1_{it-1}$表示地区i在t-1年度的财政收入分权程度；$FD2_{it-1}$表示地区i在t-1年度的财政支出分权程度；$\ln comp_{it-1}$表示地方政府竞争；$inter_{it-1}$表示地方政府干预；$\ln consum_{it-1}$表示地方政府消费；δ_i是地区固定效应；ρ_t代表时间固定效应；ε_{it}是随机误差项。

考虑到系统GMM方法不仅能够有效处理模型的内生性问题，还能提高估计的准确性和效率，本部分继续使用系统GMM方法进行基准回归分析。

5.2.2 变量界定和数据说明

1）变量界定

（1）被解释变量。本章式（5-1）和式（5-2）的被解释变量是经济增长质量及其分项，对经济增长质量及其分项的界定见3.2.2部分。

（2）解释变量。本章的解释变量是财政收入分权和财政支出分权。对财政收入分权和财政支出分权的界定见3.2.2部分。

（3）控制变量。本章的控制变量与第3章基准回归部分相同，仍是地方政府竞争（ln*comp*）、地方政府干预（*inter*）和地方政府消费（ln*consum*）。

（4）分组变量。本部分土地财政分组变量为土地出让金收入规模和土地财政依赖程度。一是以土地出让金收入规模作为本研究中土地财政的第一个分组变量。本书从土地财政的构成角度出发，将土地财政收入划分为四个主要方面：首先是土地出让收入，其在地方政府财政中占据重要地位；其次是通过低价出让工业用地来吸引投资，从而推动地方经济发展；再次是城市扩张带动建筑和房地产业的发展，增加地方税收如城市维护建设税、土地使用税和房地产税；最后是以土地为抵押获取银行贷款，用于基础设施投资和城市建设。本书选择土地出让收入作为地方政府土地财政决策的重要变量，原因是土地出让收入在地方财政中占比较大（张少辉等，2019），能够准确衡量地方政府通过土地出让获取财政收入的实际规模。根据李郇等（2013）的方法，本书将土地出让成交价款作为衡量土地出让收入绝对规模的指标，并对其进行对数化处理，以更准确地分析地方政府通过土地出让获取财政收入的实际情况。二是以土地财政依赖程度作为本研究中土地财政的第二个分组变量。为了进一步度量地方政府支出对地方政府可支配土地出让收入的依赖程度，本书还以土地出让成交价款与地方政府财政支出的比值衡量土地出让收入的相对规模。

表5-1给出了核心变量的描述性统计。

表5-1 核心变量的描述性统计

变量名称	观测值	均值	标准差	最小值	中位数	最大值
QEG	600	0.323	0.129	0.112	0.286	0.755
ln*QEG*1	600	2.492	1.859	0.274	2.056	10.927
ln*QEG*2	600	2.218	0.5634	-0.375	2.204	4.133
ln*QEG*3	600	-1.585	0.748	-4.048	-1.462	-0.071
ln*QEG*4	600	0.294	0.339	0.011	0.138	1.668
ln*QEG*5	600	2.137	0.127	1.693	2.139	2.548
ln*QEG*6	600	-1.259	0.653	-3.002	-2.328	0.425
*FD*1	600	0.457	0.132	0.253	0.429	0.814
*FD*2	600	0.474	0.141	0.255	0.442	0.856
ln*comp*	600	-4.134	1.075	-9.181	-4.010	-1.921
inter	600	0.215	0.105	0.069	0.195	0.758
ln*consum*	600	-1.904	0.257	-2.493	-1.952	-1.110
*land*1	600	13.843	3.675	0.000	15.134	22.014
*land*2	600	0.721	6.882	0.000	0.152	144.930

2）数据来源

本章的土地出让数据来源于中国土地市场网。本书搜集并获取了2000—2019年中国土地市场网公布的地方政府出让的每一块土地信息，包括土地编号、成交时间、土地面积、土地位置、出让年限、成交价格、土地用途（工业用地、住宅用地、商服用地和其他用地等）、出让方式（协议出让、招标出让、挂牌出让和拍卖等）、土地来源（新增建设用地和现有建设用地）等。在剔除土地用途、土地成交价格和土地来源等主要信息缺失的地块数据后，共获得2 451 390条地块数据。

5.3 实证结果与分析

5.3.1 土地财政分组下财政分权对经济增长质量的影响

本部分基于土地出让金收入规模和土地财政依赖程度两种对土地财政的划分方式，考察了高土地财政地区和低土地财政地区，财政分权对经济增长质量的影响。

1）土地财政分组下，财政收入分权对经济增长质量的影响

在土地财政的两种划分方式下，财政收入分权对经济增长质量的影响分析见表5-2，其中第（1）和（2）列为按照土地出让金收入规模划分，财政收入分权对经济增长质量的影响，第（1）列显示，解释变量 *L.FD*1 的估计系数为0.1703，且在1%的水平上显著，第（2）列显示，解释变量 *L.FD*1 的估计系数为0.1130，且在1%的水平上显著。其中第（3）和（4）列为按照土地财政依赖程度划分，财政收入分权对经济增长质量的影响，第（3）列结果显示，解释变量 *L.FD*1 的估计系数为0.1233，且在1%的水平上显著，第（4）列结果显示，解释变量 *L.FD*1 的估计系数为0.0986，且在1%的水平上显著。表5-2第（1）至（4）列 *L.FD*1 的回归系数表明，按照土地出让金收入规模和土地财政依赖程度划分，在高土地财政地区和低土地财政地区，财政收入分权对经济增长质量都具有显著提升作用。而且表5-2第（1）和（2）列的对比结果，以及第（3）和（4）列的对比结果均显示，与低土地财政地区相比，在高土地财政地区，财政收入分权对经济增长质量具有更大的提升作用，从而验证了本书的假设5-1-1。

表5-2　财政收入分权对经济增长质量的影响——两种土地财政划分方式下的分析

	（1）	（2）	（3）	（4）
	按照土地出让金收入规模划分		按照土地财政依赖程度划分	
	高土地财政地区	低土地财政地区	高土地财政地区	低土地财政地区
变量	*QEG*	*QEG*	*QEG*	*QEG*

续表

	(1)	(2)	(3)	(4)
L.QEG	0.7796*** (23.1671)	0.8475*** (31.3823)	0.8541*** (35.5231)	0.8556*** (37.3659)
*L.FD*1	0.1703*** (5.2590)	0.1130*** (4.8698)	0.1233*** (5.2794)	0.0986*** (4.6009)
*L.*ln*comp*	0.0036 (0.9769)	0.0017 (0.9575)	0.0020 (0.7849)	0.0024 (1.2781)
L.inter	−0.0037 (−0.0926)	−0.0372** (−2.3759)	−0.0300 (−0.7349)	−0.0440* (−1.6831)
*L.*ln*consum*	0.0050 (0.5237)	−0.0045 (−0.7136)	0.0064 (0.6138)	−0.0016 (−0.1601)
常数项	0.0418 (1.2158)	−0.0077 (−0.4039)	−0.0190 (−0.5514)	0.0097 (0.4261)
观测值	285	285	285	285
地区固定效应	控制	控制	控制	控制
时间固定效应	控制	控制	控制	控制
AR（1）	0.001	0.000	0.000	0.000
AR（2）	0.949	0.107	0.915	0.277
Sargan	0.053	0.174	0.131	0.108

注：括号内的数值对于系统GMM模型为*z*统计量值。*、**、***分别代表10%、5%、1%的显著水平。AR（1）、AR（2）与Sargan检验输出结果为*P*值。

2）土地财政分组下，财政支出分权对经济增长质量的影响

两种划分方式下，财政支出分权对经济增长质量的影响分析见表5-3，其中第（1）和（2）列为按照土地出让金收入规模划分，财政支出分权对经济增长质量的影响，第（1）列结果显示，解释变量*L.FD*2的估计系数为0.1652，且在1%的水平上显著，第（2）列结果显示，解释变量*L.FD*2的估计系数为0.1159，且在1%的水平上显著。其中第（3）和（4）列为按照土地财政依赖程度划分，财政支出分权对经济增长质量的影响，第（3）列结果显示，解释变量*L.FD*2的估计系数为0.1187，且在1%的水平上显著，第（4）列结果显示，解释变量*L.FD*2的估计系数为0.1033，且在1%的水平上显著。表5-3第（1）至（4）列*L.FD*2的回归系数表明，按照土地出让金收入规模和土地财政依赖程度划分，在高土地财政地区和低土地财政地区，财政支出分权对经济增长质量都具有显著提升作用。而且表5-3第（1）和（2）列的对比结果，以及第（3）和（4）列的对比结果均显示，与低土地财政地区相比，在高土地财政地区，财政支出分权对经济增长质量具有更大的提升作用，从而验证了本书的假设5-1-2。

表5-3　**财政支出分权对经济增长质量的影响——两种土地财政划分方式下的分析**

	(1)	(2)	(3)	(4)
	按照土地出让金收入规模划分		按照土地财政依赖程度划分	
	高土地财政地区	低土地财政地区	低土地财政地区	高土地财政地区
变量	*QEG*	*QEG*	*QEG*	*QEG*
L.QEG	0.7758*** (26.3962)	0.8389*** (29.9914)	0.8526*** (53.8152)	0.8449*** (30.1036)
L.FD2	0.1652*** (5.7163)	0.1159*** (4.9155)	0.1187*** (5.6156)	0.1033*** (4.0701)
*L.*ln*comp*	0.0034 (0.9398)	0.0017 (0.9314)	0.0020 (0.7927)	0.0023 (1.4396)
L.inter	0.0310 (0.7027)	−0.0377** (−2.4729)	−0.0066 (−0.1898)	−0.0454*** (−2.7068)
*L.*ln*consum*	0.0056 (0.6210)	−0.0041 (−0.6608)	0.0068 (0.8541)	−0.0014 (−0.2462)
常数项	−0.0230 (−0.6899)	0.0435** (2.5575)	−0.0230 (−0.8346)	0.0119 (0.7028)
观测值	285	285	285	285
地区固定效应	控制	控制	控制	控制
时间固定效应	控制	控制	控制	控制
AR（1）	0.001	0.000	0.001	0.000
AR（2）	0.958	0.107	0.911	0.079
Sargan	0.054	0.169	0.128	0.105

注：括号内的数值对于系统GMM模型为*z*统计量值。*、**、***分别代表10%、5%、1%的显著水平。AR（1）、AR（2）与Sargan检验输出结果为*P*值。

5.3.2 稳健性检验

1）改变样本初始时间的稳健性检验

参考刘晔和黄晓虹（2022）的研究，本部分以2007年作为样本初始期，并仍使用系统GMM进行稳健性检验。一方面，2007年1月1日起开始实施《国务院办公厅关于规范国有土地使用权出让收支管理的通知》（国办发〔2006〕100号），规范国有土地使用权出让收支管理。另一方面，2007年开始我国实行了政府收支分类改革，在口径、分类、科目等方面均做出了重大的调整。因此，为避免统计口径不同及其他因素干扰，调整样本数据时间范围，以2007年作为起始年份进行回归分析。

与表5-2的分析结果相似，表5-4第（1）至（4）列*L.FD*1的回归系数表明，按照土地出让金收入规模和土地财政依赖程度划分，在高土地财政地区和低土地财政地区，财政收入分权对经济增长质量都具有显著提升作用。而且表5-4第（1）和（2）列的对比结果，以及第（3）和（4）列的对比结果均显示，与低土地财政地区相比，在高土地财政地区，财政收入分权对经济增长质量具有更大的提升作用。由此，说明表5-2的基准回归结果是稳健的。

表5-4　**财政收入分权对经济增长质量的影响——稳健性检验1**

	（1）	（2）	（3）	（4）
	按照土地出让金收入规模划分		按照土地财政依赖程度划分	
	高土地财政地区	低土地财政地区	高土地财政地区	低土地财政地区
变量	*QEG*	*QEG*	*QEG*	*QEG*
L.QEG	0.9022^{***} （31.0711）	0.8601^{***} （27.9220）	0.8697^{***} （39.8058）	0.8169^{***} （16.9357）
*L.FD*1	0.0667^{**} （2.2308）	0.0622^{**} （2.1808）	0.1031^{***} （4.5159）	0.0789^{*} （1.8770）
常数项	0.0070 （0.1721）	0.0298 （0.8443）	0.0543 （1.4334）	0.0524^{**} （2.1358）

续表

	（1）	（2）	（3）	（4）
观测值	180	180	180	180
地区固定效应	控制	控制	控制	控制
时间固定效应	控制	控制	控制	控制
AR（1）	0.000	0.000	0.004	0.011
AR（2）	0.892	0.185	0.638	0.058
Sargan	0.071	0.288	0.231	0.122

注：括号内的数值对于系统GMM模型为z统计量值。*、**、***分别代表10%、5%、1%的显著水平。AR（1）、AR（2）与Sargan检验输出结果为P值。

与表5-3的分析结果相似，表5-5第（1）至（4）列$L.FD2$的回归系数表明，按照土地出让金收入规模和土地财政依赖程度划分，在高土地财政地区和低土地财政地区，财政支出分权对经济增长质量都具有显著提升作用。而且表5-5第（1）和（2）列的对比结果，以及第（3）和（4）列的对比结果均显示，与低土地财政地区相比，在高土地财政地区，财政支出分权对经济增长质量具有更大的提升作用。由此，说明表5-3的基准回归结果是稳健的。

表5-5　**财政支出分权对经济增长质量的影响——稳健性检验1**

	（1）	（2）	（3）	（4）
	按照土地出让金收入规模划分		按照土地财政依赖程度划分	
	高土地财政地区	低土地财政地区	低土地财政地区	高土地财政地区
变量	*QEG*	*QEG*	*QEG*	*QEG*
L.QEG	0.9012*** （30.6751）	0.8574*** （27.6066）	0.8703*** （38.6554）	0.8066*** （15.8157）
L.FD2	0.0644** （2.2333）	0.0641** （2.2717）	0.0976*** （4.4187）	0.0860** （1.9920）
常数项	0.0040 （0.0973）	0.0336 （1.0392）	0.0330 （0.8720）	0.0396 （1.4328）

续表

	(1)	(2)	(3)	(4)
观测值	285	285	285	285
地区固定效应	控制	控制	控制	控制
时间固定效应	控制	控制	控制	控制
AR（1）	0.000	0.000	0.004	0.011
AR（2）	0.897	0.156	0.640	0.058
Sargan	0.071	0.287	0.235	0.121

注：括号内的数值对于系统GMM模型为*z*统计量值。*、**、***分别代表10%、5%、1%的显著水平。AR（1）、AR（2）与Sargan检验输出结果为*P*值。

2）**增加控制变量的稳健性检验**

参考第3章财政分权影响经济增长质量的实证分析部分的稳健性检验方法，本部分同样在控制变量中加入房地产投资（ln*house*），做进一步稳健性检验。与表5-2的分析结果相似，表5-6第（1）至（4）列*L.FD*1的回归系数表明，两种土地财政的划分方式下，在高土地财政地区和低土地财政地区，财政收入分权对经济增长质量都具有显著提升作用。而且表5-6第（1）和（2）列的对比结果、第（3）和（4）列的对比结果均显示，与低土地财政地区相比，在高土地财政地区，财政收入分权对经济增长质量具有更大的提升作用。由此，进一步说明表5-2的基准回归结果是稳健的。

表5-6 **财政收入分权对经济增长质量的影响——稳健性检验2**

	(1)	(2)	(3)	(4)
	按照土地出让金收入规模划分		按照土地财政依赖程度划分	
	高土地财政地区	低土地财政地区	高土地财政地区	低土地财政地区
变量	*QEG*	*QEG*	*QEG*	*QEG*
L.QEG	0.7811*** (31.3556)	0.8456*** (32.9079)	0.8609*** (48.8409)	0.8592*** (33.4358)

续表

	(1)	(2)	(3)	(4)
*L.FD*1	0.1721*** (6.7272)	0.1075*** (4.3548)	0.1174*** (4.9962)	0.0912*** (3.5412)
*L.*ln*comp*	0.0036 (1.3938)	0.0017 (0.8570)	0.0019 (0.7461)	0.0022 (1.4651)
L.inter	0.0023 (0.0547)	−0.0404 (−1.3768)	−0.0260 (−0.8039)	−0.0484*** (−2.7735)
*L.*ln*consum*	0.0047 (0.4496)	−0.0036 (−0.3790)	0.0054 (0.6432)	−0.0013 (−0.1826)
*L.*ln*house*	−0.0020 (−0.3783)	0.0025 (0.5368)	−0.0003 (−0.0525)	0.0030 (0.6728)
常数项	0.0333 (0.8997)	0.0026 (0.0765)	−0.0223 (−0.6476)	0.0126 (0.4471)
观测值	285	285	285	285
地区固定效应	控制	控制	控制	控制
时间固定效应	控制	控制	控制	控制
AR（1）	0.002	0.000	0.001	0.000
AR（2）	0.830	0.119	0.906	0.079
Sargan	0.098	0.188	0.120	0.126

注：括号内的数值对于系统GMM模型为z统计量值。*、**、***分别代表10%、5%、1%的显著水平。AR（1）、AR（2）与Sargan检验输出结果为P值。

与表5-3的分析结果相似，表5-7第（1）至（4）列*L.FD*2的回归系数表明，两种土地财政的划分方式下，在高土地财政地区和低土地财政地区，财政支出分权对经济增长质量都具有显著提升作用。而且表5-7第（1）和（2）列的对比结果、以及第（3）和（4）列的对比结果均显示，与低土地财政地区相比，在高土地财政地区，财政支出分权对经济增长质量具有更大的提升作用。由此，进一步说明表5-3的基准回归结果是稳健的。

表5-7 **财政支出分权对经济增长质量的影响——稳健性检验2**

	(1)	(2)	(3)	(4)
	按照土地出让金收入规模划分		按照土地财政依赖程度划分	
	高土地财政地区	低土地财政地区	高土地财政地区	低土地财政地区
变量	*QEG*	*QEG*	*QEG*	*QEG*
L.QEG	0.7777*** (30.9571)	0.8371*** (31.9612)	0.8596*** (54.7180)	0.8491*** (31.1089)
*L.FD*2	0.1655*** (6.7984)	0.1113*** (4.6404)	0.1122*** (5.3102)	0.0959*** (3.5889)
*L.*ln*comp*	0.0033 (1.2983)	0.0016 (0.8338)	0.0019 (0.7807)	0.0021 (1.3928)
L.inter	0.0351 (0.8440)	-0.0403 (-1.3827)	-0.0058 (-0.1783)	-0.0493*** (-2.9397)
*L.*ln*consum*	0.0058 (0.5528)	-0.0029 (-0.3053)	0.0061 (0.7617)	-0.0001 (-0.0211)
*L.*ln*house*	-0.0009 (-0.1732)	0.0022 (0.4636)	0.0003 (0.0638)	0.0029 (0.6176)
常数项	-0.0265 (-0.6914)	0.0024 (0.0711)	-0.0235 (-0.6961)	0.0136 (0.4864)
观测值	285	285	285	285
地区固定效应	控制	控制	控制	控制
时间固定效应	控制	控制	控制	控制
AR（1）	0.002	0.001	0.001	0.000
AR（2）	0.820	0.113	0.911	0.078
Sargan	0.106	0.182	0.122	0.117

注：括号内的数值对于系统GMM模型为*z*统计量值。*、**、***分别代表10%、5%、1%的显著水平。AR（1）、AR（2）与Sargan检验输出结果为*P*值。

5.3.3 土地财政分组下财政分权对经济增长质量分项的影响

本部分基于土地出让金收入规模和土地财政依赖程度两种划分方式，考察了高土地财政地区和低土地财政地区的财政分权对经济增长质量分项的不同影响。其中经济增长质量分项包括经济增长强度、经济增长稳定性、产业结构合理化、经济增长外向性、人力资本和生态资本六个方面。

1）土地财政分组下，财政收入分权对经济增长质量分项的影响

表5-8旨在按照土地出让金收入规模和土地财政依赖程度两种划分方式，考察高土地财政地区和低土地财政地区的财政收入分权对经济增长强度的影响。其中第（1）和（2）列为按照土地出让金收入规模划分，财政收入分权对经济增长强度的影响，第（1）列显示，解释变量 $L.FD1$ 的估计系数为0.2579，且在1%的水平上显著，第（2）列显示，解释变量 $L.FD1$ 的估计系数为0.1106，但并未通过10%及以下的显著性检验。其中第（3）和（4）列为按照土地财政依赖程度划分，财政收入分权对经济增长强度的影响，第（3）列结果显示，解释变量 $L.FD1$ 的估计系数为0.0375，且在10%的水平上显著，第（4）列结果显示，解释变量 $L.FD1$ 的估计系数为0.0986，但并未通过10%及以下的显著性检验。第（1）和（2）列的对比结果，以及第（3）和（4）列的对比结果显示，按照土地出让金收入规模和土地财政依赖程度划分，在高土地财政地区，财政收入分权对经济增长强度具有显著的提升作用，而在低土地财政地区，财政收入分权对经济增长强度没有影响。

表5-8 **财政收入分权对经济增长强度的影响——两种土地财政划分方式下的分析**

	按照土地出让金收入规模划分		按照土地财政依赖程度划分	
	高土地财政地区	低土地财政地区	高土地财政地区	低土地财政地区
	（1）	（2）	（3）	（4）
变量	ln*QEG*1	ln*QEG*1	ln*QEG*1	ln*QEG*1
L.ln*QEG*1	1.0133*** （241.9114）	1.0154*** （82.8338）	1.0506*** （519.2767）	1.0451*** （106.1539）
*L.FD*1	0.2579*** （6.0663）	0.1106 （0.6447）	0.0375* （1.7621）	0.0986 （1.1589）
常数项	0.2061*** （4.1193）	0.4728** （2.1051）	0.2305*** （8.9444）	0.1730** （1.9835）
观测值	285	285	285	285
地区固定效应	控制	控制	控制	控制
时间固定效应	控制	控制	控制	控制
AR（1）	0.020	0.054	0.007	0.075
AR（2）	0.797	0.063	0.322	0.054
Sargan	0.679	0.105	0.356	0.475

注：括号内的数值对于系统GMM模型为*z*统计量值。*、**、***分别代表10%、5%、1%的显著水平。AR（1）、AR（2）与Sargan检验输出结果为*P*值。

表5-9旨在按照土地出让金收入规模和土地财政依赖程度两种划分方式，考察高土地财政地区和低土地财政地区的财政收入分权对经济增长稳定性的影响。其中第（1）和（2）列为按照土地出让金收入规模划分，财政收入分权对经济增长稳定性的影响，第（1）列显示，解释变量*L.FD*1的估计系数为-0.3000，在10%的水平上显著，第（2）列显示，解释变量*L.FD*1的估计系数为-0.1909，但并未通过10%及以下的显著性检验。其中第（3）和（4）列为按照土地财政依赖程度划分，财

政收入分权对经济增长稳定性的影响，第（3）列显示，解释变量 $L.FD1$ 的估计系数为-0.2936，但并未通过10%及以下的显著性检验，第（4）列显示，解释变量 $L.FD1$ 的估计系数为-0.3191，但并未通过10%及以下的显著性检验。第（1）和（2）列的对比结果显示，按照土地出让金收入规模划分，在高土地财政地区，财政收入分权对经济增长稳定性具有显著的降低作用，而在低土地财政地区，财政收入分权对经济增长稳定性没有影响。由于核心解释变量的回归系数都不显著，第（3）和（4）列的对比结果在实证上并没有意义。

表5-9　**财政收入分权对经济增长稳定性的影响——两种土地财政划分方式下的分析**

	按照土地出让金收入规模划分		按照土地财政依赖程度划分	
	高土地财政地区	低土地财政地区	高土地财政地区	低土地财政地区
	(1)	(2)	(3)	(4)
变量	ln*QEG*2	ln*QEG*2	ln*QEG*2	ln*QEG*2
*L.*ln*QEG*2	0.7254*** (13.9622)	0.5352*** (15.2674)	0.4504*** (8.2158)	0.4290*** (7.7815)
*L.FD*1	-0.3000* (-1.8994)	-0.1909 (-1.3055)	-0.2936 (-1.3448)	-0.3191 (-1.6213)
常数项	1.6517*** (3.7217)	0.8970*** (3.6881)	1.8915*** (3.9110)	1.3769*** (5.4817)
观测值	285	285	285	285
地区固定效应	控制	控制	控制	控制
时间固定效应	控制	控制	控制	控制
AR（1）	0.005	0.000	0.004	0.000
AR（2）	0.058	0.069	0.060	0.052
Sargan	0.256	0.139	0.462	0.104

注：括号内的数值对于系统GMM模型为*z*统计量值。*、**、***分别代表10%、5%、1%的显著水平。AR（1）、AR（2）与Sargan检验输出结果为*P*值。

表5-10旨在按照土地出让金收入规模和土地财政依赖程度两种划分方式，考察高土地财政地区和低土地财政地区的财政收入分权对产业结构合理化的影响。其中第（1）和（2）列为按照土地出让金收入规模划分，财政收入分权对产业结构合理化的影响，第（1）列显示，解释变量*L.FD*1的估计系数为-0.3841，在1%的水平上显著，第（2）列显示，解释变量*L.FD*1的估计系数为-0.0609，但并未通过10%及以下的显著性检验。其中第（3）和（4）列为按照土地财政依赖程度划分，财政收入分权对产业结构合理化的影响，第（3）列显示，解释变量*L.FD*1的估计系数为-0.4830，在1%的水平上显著，第（4）列显示，解释变量*L.FD*1的估计系数为-0.2915，但并未通过10%及以下的显著性检验。第（1）和（2）列的对比结果，以及第（3）和（4）列的对比结果显示，按照土地出让金收入规模和土地财政依赖程度划分，在高土地财政地区，财政收入分权对产业结构合理化具有显著的降低作用，而在低土地财政地区，财政收入分权对产业结构合理化没有影响。

表5-10 **财政收入分权对产业结构合理化的影响——两种土地财政划分方式下的分析**

	按照土地出让金收入规模划分		按照土地财政依赖程度划分	
	高土地财政地区	低土地财政地区	高土地财政地区	低土地财政地区
	（1）	（2）	（3）	（4）
变量	$\ln QEG3$	$\ln QEG3$	$\ln QEG3$	$\ln QEG3$
$L.\ln QEG3$	0.9245^{***} （48.1020）	0.9676^{***} （53.3016）	0.8914^{***} （49.3470）	0.9491^{***} （34.6773）
$L.FD1$	-0.3841^{***} （-4.0204）	-0.0609 （-0.6262）	-0.4830^{***} （-5.4691）	-0.2915 （-1.6071）
常数项	-0.0678 （-0.3983）	-0.3057 （-1.6014）	-0.1982 （-1.2485）	-0.1185 （-0.5789）

续表

	按照土地出让金收入规模划分		按照土地财政依赖程度划分	
观测值	285	285	285	285
地区固定效应	控制	控制	控制	控制
时间固定效应	控制	控制	控制	控制
AR（1）	0.000	0.008	0.000	0.017
AR（2）	0.589	0.265	0.761	0.270
Sargan	0.661	0.265	0.539	0.275

注：括号内的数值对于系统GMM模型为z统计量值。*、**、***分别代表10%、5%、1%的显著水平。AR（1）、AR（2）与Sargan检验输出结果为P值。

表5-11旨在按照土地出让金收入规模和土地财政依赖程度两种划分方式，考察高土地财政地区和低土地财政地区的财政收入分权对经济增长外向性的影响。其中第（1）和（2）列为按照土地出让金收入规模划分，财政收入分权对经济增长外向性的影响，第（1）列结果显示，解释变量$L.FD1$的估计系数为0.1500，在5%的水平上显著，第（2）列结果显示，解释变量$L.FD1$的估计系数为0.1549，但并未通过10%及以下的显著性检验。其中第（3）和（4）列为按照土地财政依赖程度划分，财政收入分权对经济增长外向性的影响，第（3）列结果显示，解释变量$L.FD1$的估计系数为0.2019，在1%的水平上显著，第（4）列结果显示，解释变量$L.FD1$的估计系数为0.1251，但并未通过10%及以下的显著性检验。第（1）和（2）列的对比结果，以及第（3）和（4）列的对比结果显示，按照土地出让金收入规模和土地财政依赖程度划分，在高土地财政地区，财政收入分权对经济增长外向性具有显著的提升作用，而在低土地财政地区，财政收入分权对经济增长外向性没有影响。

表5-11 **财政收入分权对经济增长外向性的影响——两种土地财政划分方式下的分析**

	按照土地出让金收入规模划分		按照土地财政依赖程度划分	
	高土地财政地区	低土地财政地区	高土地财政地区	低土地财政地区
	(1)	(2)	(3)	(4)
变量	ln*QEG*4	ln*QEG*4	ln*QEG*4	ln*QEG*4
L.ln*QEG*4	0.9360*** (87.3439)	0.9298*** (56.0087)	0.9237*** (86.5544)	0.9315*** (59.2055)
*L.FD*1	0.1500** (2.1769)	0.1549 (1.3864)	0.2019*** (3.1108)	0.1251 (1.1280)
常数项	-0.1626 (-1.4996)	-0.0521 (-0.3981)	-0.1037 (-0.9936)	-0.0940 (-0.7183)
观测值	285	285	285	285
地区固定效应	控制	控制	控制	控制
时间固定效应	控制	控制	控制	控制
AR（1）	0.001	0.000	0.000	0.000
AR（2）	0.166	0.824	0.846	0.598
Sargan	0.493	0.696	0.249	0.706

注：括号内的数值对于系统GMM模型为*z*统计量值。*、**、***分别代表10%、5%、1%的显著水平。AR（1）、AR（2）与Sargan检验输出结果为*P*值。

表5-12旨在按照土地出让金收入规模和土地财政依赖程度两种划分方式，考察高土地财政地区和低土地财政地区的财政收入分权对人力资本的影响。其中第（1）和（2）列为按照土地出让金收入规模划分，财政收入分权对人力资本的影响，第（1）列显示，解释变量*L.FD*1的估计系数为0.3475，在1%的水平上显著，第（2）列显示，解释变量*L.FD*1的估计系数为0.4950，在1%的水平上显著。其中第（3）和（4）列为按照土地财政依赖程度划分，财政收入分权对人力资本的影响，第

（3）列显示，解释变量*L.FD*1的估计系数为0.0572，在1%的水平上显著，第（4）列显示，解释变量*L.FD*1的估计系数为0.0617，在1%的水平上显著。第（1）至（4）列的结果显示，按照土地出让金收入规模和土地财政依赖程度划分，在高土地财政地区和低土地财政地区，财政收入分权对人力资本都具有显著的提升作用。而且表5-12第（1）和（2）列的对比结果，以及第（3）和（4）列的对比结果显示，与高土地财政地区相比，在低土地财政地区，财政收入分权对人力资本具有更大的提升作用。

表5-12　**财政收入分权对人力资本的影响——两种土地财政划分方式下的分析**

	按照土地出让金收入规模划分		按照土地财政依赖程度划分	
	高土地财政地区	低土地财政地区	高土地财政地区	低土地财政地区
	（1）	（2）	（3）	（4）
变量	ln*QEG*5	ln*QEG*5	ln*QEG*5	ln*QEG*5
*L.*ln*QEG*5	0.9338*** （56.1933）	0.9212*** （44.9139）	0.8945*** （63.2831）	0.8906*** （42.8657）
*L.FD*1	0.3475*** （5.3970）	0.4950*** （4.4146）	0.0572*** （7.2042）	0.0617*** （3.8817）
常数项	0.7932*** （5.1086）	0.7868*** （3.1737）	0.2415*** （7.4312）	0.2620*** （4.9998）
观测值	285	285	285	285
地区固定效应	控制	控制	控制	控制
时间固定效应	控制	控制	控制	控制
AR（1）	0.000	0.000	0.002	0.000
AR（2）	0.940	0.375	0.574	0.330
Sargan	0.926	0.831	0.791	0.753

注：括号内的数值对于系统GMM模型为*z*统计量值。*、**、***分别代表10%、5%、1%的显著水平。AR（1）、AR（2）与Sargan检验输出结果为*P*值。

表5-13旨在按照土地出让金收入规模和土地财政依赖程度两种划分方式，考察高土地财政地区和低土地财政地区，财政收入分权对生态资本的影响。其中第（1）和（2）列为按照土地出让金收入规模划分，财政收入分权对生态资本的影响，第（1）列显示，解释变量 *L.FD*1 的估计系数为0.1313，在1%的水平上显著，第（2）列显示，解释变量 *L.FD*1 的估计系数为0.1064，但并未通过10%及以下的显著性检验。其中第（3）和（4）列为按照土地财政依赖程度划分，财政收入分权对生态资本的影响，第（3）列显示，解释变量 *L.FD*1 的估计系数为0.2108，在1%的水平上显著，第（4）列显示，解释变量 *L.FD*1 的估计系数为0.0502，但并未通过10%及以下的显著性检验。第（1）和（2）列的对比结果，以及第（3）和（4）列的对比结果显示，按照土地出让金收入规模和土地财政依赖程度划分，在高土地财政地区，财政收入分权对生态资本具有显著的提升作用，而在低土地财政地区，财政收入分权对生态资本没有影响。

表5-13 **财政收入分权对生态资本的影响——两种土地财政划分方式下的分析**

	按照土地出让金收入规模划分		按照土地财政依赖程度划分	
	高土地财政地区	低土地财政地区	高土地财政地区	低土地财政地区
	（1）	（2）	（3）	（4）
变量	ln*QEG*6	ln*QEG*6	ln*QEG*6	ln*QEG*6
L.ln*QEG*6	0.9796***	0.9809***	0.9571***	0.9910***
	（89.4268）	（41.1822）	（83.0585）	（123.8204）
*L.FD*1	0.1313***	0.1064	0.2108***	0.0502
	（3.3013）	（1.3264）	（5.2158）	（1.1848）
常数项	−0.1793	−0.1134	−0.2638***	−0.1220**
	（−1.5584）	（−1.1343）	（−2.7815）	（−1.9614）
观测值	285	285	285	285

续表

	按照土地出让金收入规模划分		按照土地财政依赖程度划分	
地区固定效应	控制	控制	控制	控制
时间固定效应	控制	控制	控制	控制
AR（1）	0.007	0.048	0.000	0.007
AR（2）	0.867	0.319	0.872	0.051
Sargan	0.197	0.807	0.259	0.958

注：括号内的数值对于系统GMM模型为z统计量值。*、**、***分别代表10%、5%、1%的显著水平。AR（1）、AR（2）与Sargan检验输出结果为P值。

2）土地财政分组下，财政支出分权对经济增长质量分项的影响

本部分基于土地出让金收入规模和土地财政依赖程度两种划分方式，考察了高土地财政地区和低土地财政地区的财政支出分权对经济增长质量分项的不同影响。其中经济增长质量分项包括经济增长强度、经济增长稳定性、产业结构合理化、经济增长外向性、人力资本和生态资本六个方面。

表5-14旨在按照土地出让金收入规模和土地财政依赖程度两种划分方式，考察高土地财政地区和低土地财政地区的财政支出分权对经济增长强度的影响。其中第（1）和（2）列为按照土地出让金收入规模划分，财政支出分权对经济增长强度的影响，第（1）列结果显示，解释变量*L.FD*2的估计系数为0.2260，在1%的水平上显著，第（2）列结果显示，解释变量*L.FD*2的估计系数为0.1137，但并未通过10%及以下的显著性检验。其中第（3）和（4）列为按照土地财政依赖程度划分，财政支出分权对经济增长强度的影响，第（3）列结果显示，解释变量*L.FD*2的估计系数为0.2418，在10%的水平上显著，第（4）列结果显示，解释变量*L.FD*2的估计系数为0.1695，在10%的水平上显著。第（1）和（2）列的对比结果显示，按照土地出让金收入规模划分，在高土地财政地区，财政支出分权对经济增长强度具有显著的提升作用，而在低土地财政地区，财政支出分权对经济增长强度没有影响。第（3）和（4）列的对比结果显示，按照土地财政依赖程度划分，在高土地财

政地区和低土地财政地区，财政支出分权对经济增长强度都具有显著的提升作用，而且与低土地财政地区相比，在高土地财政地区，财政支出分权对经济增长强度具有更大的提升作用。

表5-14　**财政支出分权对经济增长强度的影响——两种土地财政划分方式下的分析**

	按照土地出让金收入规模划分		按照土地财政依赖程度划分	
	高土地财政地区	低土地财政地区	高土地财政地区	低土地财政地区
	(1)	(2)	(3)	(4)
变量	ln*QEG*1	ln*QEG*1	ln*QEG*1	ln*QEG*1
L.ln*QEG*1	1.0151*** (240.4689)	1.0537*** (104.9009)	1.0194*** (65.9581)	1.0215*** (58.1731)
L.*FD*2	0.2260*** (5.5366)	0.1137 (1.2862)	0.2418* (1.6688)	0.1695* (1.6882)
常数项	0.3441*** (5.9633)	0.1271 (1.3469)	0.2070 (1.4344)	0.2482** (2.0679)
观测值	285	285	285	285
地区固定效应	控制	控制	控制	控制
时间固定效应	控制	控制	控制	控制
AR（1）	0.017	0.057	0.020	0.053
AR（2）	0.734	0.087	0.074	0.632
Sargan	0.297	0.397	0.859	0.784

注：括号内的数值对于系统GMM模型为*z*统计量值。*、**、***分别代表10%、5%、1%的显著水平。AR（1）、AR（2）与Sargan检验输出结果为*P*值。

表5-15旨在按照土地出让金收入规模和土地财政依赖程度两种划分方式，考察高土地财政地区和低土地财政地区的财政支出分权对经济增长稳定性的影响。其中第（1）和（2）列为按照土地出让金收入规模划分，财政支出分权对经济增长稳定性的影响，第（1）列结果显示，

解释变量 *L.FD*2 的估计系数为-0.2885，在 10% 的水平上显著，第（2）列结果显示，解释变量 *L.FD*2 的估计系数为-0.1053，但并未通过 10% 及以下的显著性检验。第（3）列结果显示，解释变量 L.FD2 的估计系数为-0.2823，但并未通过 10% 及以下的显著性检验，第（4）列结果显示，解释变量 L.FD2 的估计系数为-0.3727，在 5% 的水平上显著。表5-15第（1）和（2）列的对比结果显示，按照土地出让金收入规模划分，在高土地财政地区，财政支出分权对经济增长稳定性具有显著的降低作用，而在低土地财政地区，财政支出分权对经济增长稳定性没有影响。第（3）和（4）列的对比结果显示，按照土地财政依赖程度划分，在高土地财政地区，财政支出分权对经济增长稳定性没有影响，而在低土地财政地区，财政支出分权对经济增长稳定性具有显著的降低作用。

表5-15　**财政支出分权对经济增长稳定性的影响——两种土地财政划分方式下的分析**

	按照土地出让金收入规模划分		按照土地财政依赖程度划分	
	高土地财政地区	低土地财政地区	高土地财政地区	低土地财政地区
	（1）	（2）	（3）	（4）
变量	ln*QEG*2	ln*QEG*2	ln*QEG*2	ln*QEG*2
*L.*ln*QEG*2	0.7247*** (13.9871)	0.6815*** (16.4752)	0.4900*** (9.6244)	0.4790*** (9.4973)
*L.FD*2	−0.2885* (−1.9458)	−0.1053 (−0.8281)	−0.2823 (−1.3475)	−0.3727** (−2.1960)
常数项	1.3187*** (3.5213)	0.6650*** (4.2753)	2.0774*** (3.7485)	1.3612*** (5.8085)
观测值	285	285	285	285
地区固定效应	控制	控制	控制	控制
时间固定效应	控制	控制	控制	控制
AR（1）	0.004	0.001	0.003	0.001
AR（2）	0.058	0.054	0.081	0.109
Sargan	0.149	0.385	0.948	0.372

注：括号内的数值对于系统GMM模型为*z*统计量值。*、**、***分别代表10%、5%、1%的显著水平。AR（1）、AR（2）与Sargan检验输出结果为*P*值。

表5-16旨在按照土地出让金收入规模和土地财政依赖程度两种划分方式，考察高土地财政地区和低土地财政地区的财政支出分权对产业结构合理化的影响。其中第（1）和（2）列为按照土地出让金收入规模划分，财政支出分权对产业结构合理化的影响，第（1）列显示，解释变量*L.FD*2的估计系数为-0.5415，在1%的水平上显著，第（2）列显示，解释变量*L.FD*2的估计系数为-0.1967，但并未通过10%及以下的显著性检验。其中第（3）和（4）列为按照土地财政依赖程度划分，财政支出分权对产业结构合理化的影响，第（3）列显示，解释变量*L.FD*2的估计系数为-0.4386，在1%的水平上显著，第（4）列显示，解释变量*L.FD*2的估计系数为-0.2941，在10%的水平上显著。第（1）和（2）列的对比结果显示，按照土地出让金收入规模划分，在高土地财政地区，财政支出分权对产业结构合理化具有显著的降低作用，而在低土地财政地区，财政支出分权对产业结构合理化没有影响。第（3）和（4）列的对比结果显示，按照土地财政依赖程度划分，高土地财政地区和低土地财政地区的财政支出分权对产业结构合理化都具有显著的降低作用，而且与低土地财政地区相比，在高土地财政地区，财政支出分权对产业结构合理化的降低作用更大。

表5-16 **财政支出分权对产业结构合理化的影响——两种土地财政划分方式下的分析**

	按照土地出让金收入规模划分		按照土地财政依赖程度划分	
	高土地财政地区	低土地财政地区	高土地财政地区	低土地财政地区
	(1)	(2)	(3)	(4)
变量	ln*QEG*3	ln*QEG*3	ln*QEG*3	ln*QEG*3
*L.*ln*QEG*3	0.8752*** (45.9079)	0.9042*** (26.1595)	0.8968*** (50.8981)	0.9475*** (34.7951)
*L.FD*2	-0.5415*** (-6.0012)	-0.1967 (-1.3363)	-0.4386*** (-5.3411)	-0.2941* (-1.7356)

续表

	按照土地出让金收入规模划分		按照土地财政依赖程度划分	
常数项	-0.0658 (-0.3725)	-0.3505 (-1.1676)	-0.1842 (-1.1482)	-0.0543 (-0.2829)
观测值	285	285	285	285
地区固定效应	控制	控制	控制	控制
时间固定效应	控制	控制	控制	控制
AR（1）	0.000	0.005	0.000	0.017
AR（2）	0.604	0.265	0.755	0.271
Sargan	0.252	0.859	0.179	0.593

注：括号内的数值对于系统GMM模型为z统计量值。*、**、***分别代表10%、5%、1%的显著水平。AR（1）、AR（2）与Sargan检验输出结果为P值。

表5-17旨在按照土地出让金收入规模和土地财政依赖程度两种划分方式，考察高土地财政地区和低土地财政地区的财政支出分权对经济增长外向性的影响。其中第（1）和（2）列为按照土地出让金收入规模划分，财政支出分权对经济增长外向性的影响，第（1）列显示，解释变量*L.FD*2的估计系数为0.1812，在1%的水平上显著，第（2）列显示，解释变量*L.FD*2的估计系数为0.1565，但并未通过10%及以下的显著性检验。其中第（3）和（4）列为按照土地财政依赖程度划分，财政支出分权对经济增长外向性的影响，第（3）列显示，解释变量*L.FD*2的估计系数为0.2143，在1%的水平上显著，第（4）列显示，解释变量*L.FD*2的估计系数为0.1422，但并未通过10%及以下的显著性检验。第（1）和（2）列，以及第（3）和（4）列的对比结果显示，按照土地出让金收入规模和土地财政依赖程度划分，在高土地财政地区，财政支出分权对经济增长外向性具有显著的提升作用，而在低土地财政地区，财政支出分权对经济增长外向性没有影响。

表5-17　**财政支出分权对经济增长外向性的影响——两种土地财政划分方式下的分析**

	按照土地出让金收入规模划分		按照土地财政依赖程度划分	
	高土地财政地区	低土地财政地区	高土地财政地区	低土地财政地区
	(1)	(2)	(3)	(4)
变量	ln*QEG*4	ln*QEG*4	ln*QEG*4	ln*QEG*4
L.ln*QEG*4	0.9303*** (82.0388)	0.9290*** (55.3381)	0.9199*** (81.7731)	0.9285*** (57.4052)
*L.FD*2	0.1812*** (2.6118)	0.1565 (1.4463)	0.2143*** (3.2877)	0.1422 (1.3143)
常数项	0.0676 (0.6744)	0.0598 (0.4060)	-0.1247 (-1.1707)	-0.1047 (-0.8045)
观测值	285	285	285	285
地区固定效应	控制	控制	控制	控制
时间固定效应	控制	控制	控制	控制
AR（1）	0.000	0.000	0.000	0.000
AR（2）	0.171	0.823	0.838	0.595
Sargan	0.329	0.699	0.067	0.693

注：括号内的数值对于系统GMM模型为*z*统计量值。*、**、***分别代表10%、5%、1%的显著水平。AR（1）、AR（2）与Sargan检验输出结果为*P*值。

表5-18旨在按照土地出让金收入规模和土地财政依赖程度两种划分方式，考察高土地财政地区和低土地财政地区的财政支出分权对人力资本的影响。其中第（1）和（2）列为按照土地出让金收入规模划分，财政支出分权对人力资本的影响，第（1）列显示，解释变量*L.FD*2的估计系数为0.0450，在1%的水平上显著，第（2）列显示，解释变量*L.FD*2的估计系数为0.0536，在1%的水平上显著。其中第（3）和（4）列为按照土地财政依赖程度划分，财政支出分权对人力资本的影响，第

（3）列显示，解释变量$L.FD2$的估计系数为0.0791，在1%的水平上显著，第（4）列显示，解释变量$L.FD2$的估计系数为0.0825，在1%的水平上显著。第（1）至（4）列的结果显示，按照土地出让金收入规模和土地财政依赖程度划分，在高土地财政地区和低土地财政地区，财政支出分权对人力资本都具有显著的提升作用。而且第（1）和（2）列，以及第（3）和（4）列的对比结果均显示，与高土地财政地区相比，在低土地财政地区，财政支出分权对人力资本具有更大的提升作用。

表5-18　**财政支出分权对人力资本的影响——两种土地财政划分方式下的分析**

	按照土地出让金收入规模划分		按照土地财政依赖程度划分	
	高土地财政地区	低土地财政地区	高土地财政地区	低土地财政地区
	（1）	（2）	（3）	（4）
变量	$\ln QEG5$	$\ln QEG5$	$\ln QEG5$	$\ln QEG5$
$L.\ln QEG5$	0.9006*** （67.9357）	0.8919*** （44.8858）	0.8313*** （29.9982）	0.8207*** （24.2856）
$L.FD2$	0.0450*** （5.9520）	0.0536*** （3.6120）	0.0791*** （5.7746）	0.0825*** （3.4124）
常数项	0.2161*** （8.0025）	0.2728*** （5.2418）	0.3623*** （5.8066）	0.4347*** （5.3357）
观测值	285	285	285	285
地区固定效应	控制	控制	控制	控制
时间固定效应	控制	控制	控制	控制
AR（1）	0.001	0.000	0.002	0.001
AR（2）	0.710	0.821	0.665	0.370
Sargan	0.915	0.724	0.618	0.439

注：括号内的数值对于系统GMM模型为z统计量值。*、**、***分别代表10%、5%、1%的显著水平。AR（1）、AR（2）与Sargan检验输出结果为P值。

表5-19旨在按照土地出让金收入规模和土地财政依赖程度两种划分方式，考察高土地财政地区和低土地财政地区的财政支出分权对生态资本的影响。其中第（1）和（2）列为按照土地出让金收入规模划分，财政支出分权对生态资本的影响，第（1）列结果显示，解释变量*L.FD*2的估计系数为0.0896，在1%的水平上显著，第（2）列结果显示，解释变量*L.FD*2的估计系数为0.1116，但并未通过10%及以下的显著性检验。其中第（3）和（4）列为按照土地财政依赖程度划分，财政支出分权对生态资本的影响，第（3）列结果显示，解释变量*L.FD*2的估计系数为0.1553，在1%的水平上显著，第（4）列结果显示，解释变量*L.FD*2的估计系数为0.0501，但并未通过10%及以下的显著性检验。第（1）和（2）列，以及第（3）和（4）列的对比结果显示，按照土地出让金收入规模和土地财政依赖程度划分，在高土地财政地区，财政支出分权对生态资本具有显著的提升作用，而在低土地财政地区，财政支出分权对生态资本没有影响。

表5-19 **财政支出分权对生态资本的影响——两种土地财政划分方式下的分析**

	按照土地出让金收入规模划分		按照土地财政依赖程度划分	
	高土地财政地区	低土地财政地区	高土地财政地区	低土地财政地区
	（1）	（2）	（3）	（4）
变量	ln*QEG*6	ln*QEG*6	ln*QEG*6	ln*QEG*6
L.ln*QEG*6	0.9879*** （103.8985）	0.9808*** （41.6841）	0.9701*** （87.5285）	0.9906*** （123.7362）
*L.FD*2	0.0896*** （2.6497）	0.1116 （1.4759）	0.1553*** （4.1838）	0.0501 （1.2471）
常数项	−0.0968 （−0.9749）	−0.1179 （−1.2046）	−0.1649* （−1.8320）	−0.1312** （−2.0735）
观测值	285	285	285	285

续表

	按照土地出让金收入规模划分		按照土地财政依赖程度划分	
地区固定效应	控制	控制	控制	控制
时间固定效应	控制	控制	控制	控制
AR（1）	0.006	0.027	0.006	0.000
AR（2）	0.834	0.267	0.897	0.051
Sargan	0.215	0.923	0.149	0.943

注：括号内的数值对于系统GMM模型为z统计量值。*、**、***分别代表10%、5%、1%的显著水平。AR（1）、AR（2）与Sargan检验输出结果为P值。

5.3.4 土地财政分组下财政分权对经济增长质量的影响——基于分地区的研究

本部分基于土地出让金收入规模和土地财政依赖程度两种对土地财政的划分方式，分别考察了在三类地区的高土地财政地区和低土地财政地区，财政分权对经济增长质量的不同影响。

1）分地区的土地财政分组下，财政收入分权对经济增长质量的影响

表5-20旨在按照两种土地财政划分方式，考察在第一类地区的高土地财政地区和低土地财政地区，财政收入分权对经济增长质量的不同影响。其中第（1）和（2）列为按照土地出让金收入规模划分，第一类地区财政收入分权对经济增长质量的影响，第（1）列显示，解释变量*L.FD*1的估计系数为0.1653，且在1%的水平上显著，第（2）列显示，解释变量*L.FD*1的估计系数为0.1649，且在1%的水平上显著。其中第（3）和（4）列为按照土地财政依赖程度划分，第一类地区财政收入分权对经济增长质量的影响，第（3）列显示，解释变量*L.FD*1的估计系数为0.1984，且在1%的水平上显著，第（4）列显示，解释变量*L.FD*1的估计系数为0.1396，且在5%的水平上显著。第（1）至（4）列*L.FD*1的回归系数表明，按照土地出让金收入规模和土地财政依赖程度

划分，在第一类地区的高土地财政地区和低土地财政地区，财政收入分权对经济增长质量都具有显著提升作用。而且第（1）和（2）列的对比结果，以及第（3）和（4）列的对比结果均显示，与第一类地区的低土地财政地区相比，在第一类地区的高土地财政地区，财政收入分权对经济增长质量具有更大的提升作用。

表5-20 **财政收入分权对经济增长质量的影响——第一类地区两种土地财政划分方式下的分析**

	（1）	（2）	（3）	（4）
	按照土地出让金收入规模划分		按照土地财政依赖程度划分	
	高土地财政地区	低土地财政地区	高土地财政地区	低土地财政地区
变量	*QEG*	*QEG*	*QEG*	*QEG*
L.QEG	0.8847*** （25.1691）	0.8560*** （18.7146）	0.8526*** （20.2216）	0.8980*** （19.2833）
*L.FD*1	0.1653*** （3.6589）	0.1649*** （2.8049）	0.1984*** （3.7366）	0.1396** （2.2753）
常数项	−0.0896* （−1.8738）	0.0125 （0.2200）	0.0823* （1.9560）	−0.0208 （−0.4218）
观测值	76	95	76	95
地区固定效应	控制	控制	控制	控制
时间固定效应	控制	控制	控制	控制
AR（1）	0.040	0.004	0.042	0.000
AR（2）	0.825	0.751	0.693	0.585
Sargan	0.076	0.089	0.160	0.119

注：括号内的数值对于系统GMM模型为*z*统计量值。*、**、***分别代表10%、5%、1%的显著水平。AR（1）、AR（2）与Sargan检验输出结果为*P*值。

表5-21旨在按照两种土地财政划分方式，考察在第二类地区的高土地财政地区和低土地财政地区，财政收入分权对经济增长质量的不同影响。其中第（1）和（2）列为按照土地出让金收入规模划分，第二类

地区财政收入分权对经济增长质量的影响，第（1）列结果显示，解释变量*L.FD*1的估计系数为-0.0084，但并未通过10%及以下的显著性检验，第（2）列结果显示，解释变量*L.FD*1的估计系数为0.0705，但并未通过10%及以下的显著性检验。其中第（3）和（4）列为按照土地财政依赖程度划分，第二类地区财政收入分权对经济增长质量的影响，第（3）列显示，解释变量*L.FD*1的估计系数为-0.0649，但并未通过10%及以下的显著性检验，第（4）列显示，解释变量*L.FD*1的估计系数为0.0601，但并未通过10%及以下的显著性检验。由于核心解释变量*L.FD*1的系数都不显著，第（1）至（4）列的结果在本研究的实证上没有意义。

表5-21　**财政收入分权对经济增长质量的影响——第二类地区两种土地财政划分方式下的分析**

	（1）	（2）	（3）	（4）
	按照土地出让金收入规模划分		按照土地财政依赖程度划分	
	高土地财政地区	低土地财政地区	高土地财政地区	低土地财政地区
变量	*QEG*	*QEG*	*QEG*	*QEG*
L.QEG	0.8189*** （33.9184）	0.8149*** （19.8374）	0.7973*** （19.9692）	0.7964*** （14.6248）
*L.FD*1	-0.0084 （-0.1308）	0.0705 （1.0988）	-0.0649 （-0.9542）	0.0601 （0.9912）
常数项	0.2220*** （4.0822）	0.1739*** （4.0938）	0.1859*** （3.3637）	0.1794*** （3.4410）
观测值	95	95	95	95
地区固定效应	控制	控制	控制	控制
时间固定效应	控制	控制	控制	控制
AR（1）	0.040	0.000	0.045	0.001
AR（2）	0.825	0.553	0.540	0.075
Sargan	0.078	0.649	0.397	0.308

注：括号内的数值对于系统GMM模型为z统计量值。*、**、***分别代表10%、5%、1%的显著水平。AR（1）、AR（2）与Sargan检验输出结果为P值。

表5-22旨在按照两种土地财政划分方式，考察在第三类地区的高土地财政地区和低土地财政地区，财政收入分权对经济增长质量的不同影响。其中第（1）和（2）列为按照土地出让金收入规模划分，第三类地区财政收入分权对经济增长质量的影响，第（1）列显示，解释变量*L.FD*1的估计系数为0.0939，且在1%的水平上显著，第（2）列显示，解释变量*L.FD*1的估计系数为0.0541，且在10%的水平上显著。其中第（3）和（4）列为按照土地财政依赖程度划分，第三类地区财政收入分权对经济增长质量的影响，第（3）列显示，解释变量*L.FD*1的估计系数为0.0456，但并未通过10%及以下的显著性检验，第（4）列显示，解释变量*L.FD*1的估计系数为0.0580，且在5%的水平上显著。第（1）和（2）列的对比结果显示，按照土地出让金收入规模划分，在第三类地区的高土地财政地区和低土地财政地区，财政收入分权对经济增长质量都具有显著的提升作用。而且与第三类地区的低土地财政地区相比，在第三类地区的高土地财政地区，财政收入分权对经济增长质量具有更大的提升作用。第（3）和（4）列的对比结果显示，按照土地财政依赖程度划分，在第三类地区的高土地财政地区，财政收入分权对经济增长质量没有影响，而在第三类地区的低土地财政地区，财政收入分权对经济增长质量具有显著的提升作用。

表5-22 **财政收入分权对经济增长质量的影响——第三类地区两种土地财政划分方式下的分析**

	(1)	(2)	(3)	(4)
	按照土地出让金收入规模划分		按照土地财政依赖程度划分	
	高土地财政地区	低土地财政地区	高土地财政地区	低土地财政地区
变量	*QEG*	*QEG*	*QEG*	*QEG*
L.QEG	0.7701*** (11.6435)	0.6877*** (9.9959)	0.8079*** (13.9375)	0.6602*** (8.1134)
*L.FD*1	0.0939*** (2.8297)	0.0541* (1.7905)	0.0456 (0.9466)	0.0580** (1.9780)

续表

	（1）	（2）	（3）	（4）
常数项	0.0246 （0.3812）	0.0855*** （4.4221）	0.0850** （2.2380）	0.1309*** （4.0551）
观测值	95	114	95	114
地区固定效应	控制	控制	控制	控制
时间固定效应	控制	控制	控制	控制
AR（1）	0.026	0.036	0.021	0.007
AR（2）	0.526	0.312	0.330	0.232
Sargan	0.076	0.152	0.953	0.142

注：括号内的数值对于系统GMM模型为z统计量值。*、**、***分别代表10%、5%、1%的显著水平。AR（1）、AR（2）与Sargan检验输出结果为P值。

2）分地区的土地财政分组下，财政支出分权对经济增长质量的影响

表5-23旨在按照两种土地财政划分方式，考察在第一类地区的高土地财政地区和低土地财政地区，财政支出分权对经济增长质量的不同影响。其中第（1）和（2）列为按照土地出让金收入规模划分，财政支出分权对经济增长质量的影响，第（1）列结果显示，解释变量$L.FD2$的估计系数为0.1455，且在1%的水平上显著，第（2）列结果显示，解释变量$L.FD2$的估计系数为0.1987，且在1%的水平上显著。其中第（3）和（4）列为按照土地财政依赖程度划分，财政支出分权对经济增长质量的影响，第（3）列结果显示，解释变量$L.FD2$的估计系数为0.1596，且在1%的水平上显著，第（4）列结果显示，解释变量$L.FD2$的估计系数为0.1654，且在1%的水平上显著。第（1）至（4）列的结果显示，按照土地出让金收入规模和土地财政依赖程度划分，在第一类地区的高土地财政地区和低土地财政地区，财政支出分权对经济增长质量都具有显著的提升作用。而且第（1）和（2）列，以及第（3）和（4）列的对比结果显示，与第一类地区的高土地财政地区相比，在第一类地区的低土地财政地区，财政支出分权对经济增长质量具有更大的提

升作用。

表5-23 **财政支出分权对经济增长质量的影响——第一类地区两种土地财政划分方式下的分析**

	(1)	(2)	(3)	(4)
	按照土地出让金收入规模划分		按照土地财政依赖程度划分	
	高土地财政地区	低土地财政地区	高土地财政地区	低土地财政地区
变量	*QEG*	*QEG*	*QEG*	*QEG*
L.QEG	0.7989*** (36.7642)	0.8228*** (15.5165)	0.7827*** (26.4580)	0.8727*** (17.1332)
*L.FD*2	0.1455*** (7.1058)	0.1987*** (3.2780)	0.1596*** (5.4892)	0.1654*** (2.5770)
常数项	0.0442 (1.5956)	0.0189 (0.4891)	0.0636 (1.6033)	-0.0201 (-0.4135)
观测值	76	95	76	95
地区固定效应	控制	控制	控制	控制
时间固定效应	控制	控制	控制	控制
AR（1）	0.069	0.022	0.001	0.005
AR（2）	0.455	0.644	0.344	0.607
Sargan	0.127	0.068	0.749	0.103

注：括号内的数值对于系统GMM模型为z统计量值。*、**、***分别代表10%、5%、1%的显著水平。AR（1）、AR（2）与Sargan检验输出结果为P值。

表5-24旨在按照两种土地财政划分方式，考察在第二类地区的高土地财政地区和低土地财政地区，财政支出分权对经济增长质量的不同影响。其中第（1）和（2）列为按照土地出让金收入规模划分，财政支出分权对经济增长质量的影响，第（1）列结果显示，解释变量*L.FD*2的估计系数为-0.0124，但并未通过10%及以下的显著性检验，第（2）列结果显示，解释变量*L.FD*2的估计系数为0.0720，但并未通过10%及以下的显著性检验。其中第（3）和（4）列为按照土地财政依赖程度划

分，财政支出分权对经济增长质量的影响，第（3）列结果显示，解释变量*L.FD*2的估计系数为-0.0600，但并未通过10%及以下的显著性检验，第（4）列结果显示，解释变量*L.FD*2的估计系数为0.0595，但并未通过10%及以下的显著性检验。由于核心解释变量*L.FD*2的系数都不显著，第（1）至（4）列的结果在实证上并没有意义。

表5-24　**财政支出分权对经济增长质量的影响——第二类地区两种土地财政划分方式下的分析**

	（1）	（2）	（3）	（4）
	按照土地出让金收入规模划分		按照土地财政依赖程度划分	
	高土地财政地区	低土地财政地区	高土地财政地区	低土地财政地区
变量	*QEG*	*QEG*	*QEG*	*QEG*
L.QEG	0.8191*** （33.4072）	0.8154*** （20.0685）	0.7970*** （20.0862）	0.7968*** （14.7830）
*L.FD*1	-0.0124 （-0.1966）	0.0720 （1.0853）	-0.0600 （-0.9075）	0.0595 （0.9335）
常数项	0.2225*** （4.0901）	0.1713*** （4.0035）	0.1869*** （3.4101）	0.1339** （2.4501）
观测值	95	95	95	95
地区固定效应	控制	控制	控制	控制
时间固定效应	控制	控制	控制	控制
AR（1）	0.040	0.043	0.045	0.029
AR（2）	0.826	0.095	0.541	0.252
Sargan	0.125	0.649	0.231	0.857

注：括号内的数值对于系统GMM模型为*z*统计量值。*、**、***分别代表10%、5%、1%的显著水平。AR（1）、AR（2）与Sargan检验输出结果为*P*值。

表5-25旨在按照两种土地财政划分方式，考察在第三类地区的高土地财政地区和低土地财政地区，财政支出分权对经济增长质量的不同影响。其中第（1）和（2）列为按照土地出让金收入规模划分，第三类

地区财政支出分权对经济增长质量的影响，第（1）列结果显示，解释变量*L.FD*2的估计系数为0.0929，且在1%的水平上显著，第（2）列结果显示，解释变量*L.FD*2的估计系数为0.0321，但并未通过10%及以下的显著性检验。其中第（3）和（4）列为按照土地财政依赖程度划分，第三类地区财政支出分权对经济增长质量的影响，第（3）列结果显示，解释变量*L.FD*2的估计系数为0.0448，但并未通过10%及以下的显著性检验，第（4）列结果显示，解释变量*L.FD*2的估计系数为0.0248，但并未通过10%及以下的显著性检验。第（1）和（2）列的对比结果显示，按照土地出让金收入规模划分，在第三类地区的高土地财政地区，财政支出分权对经济增长质量具有显著的提升作用，而在第三类地区的低土地财政地区，财政支出分权对经济增长质量没有影响。由于核心解释变量*L.FD*2的估计系数都不显著，第（3）和（4）列的结果并没有意义。

表5-25 **财政支出分权对经济增长质量的影响——第三类地区两种土地财政划分方式下的分析**

	（1）	（2）	（3）	（4）
	按照土地出让金收入规模划分		按照土地财政依赖程度划分	
	高土地财政地区	低土地财政地区	高土地财政地区	低土地财政地区
变量	*QEG*	*QEG*	*QEG*	*QEG*
L.QEG	0.7729*** （11.7704）	0.6861*** （10.0305）	0.8096*** （14.2457）	0.6489*** （8.2964）
*L.FD*2	0.0929*** （2.7428）	0.0321 （0.9046）	0.0448 （0.9328）	0.0248 （0.6493）
常数项	0.0594 （0.9270）	0.1131*** （5.8906）	0.1341*** （3.4517）	0.1327*** （6.8356）
观测值	95	114	95	114
地区固定效应	控制	控制	控制	控制
时间固定效应	控制	控制	控制	控制

续表

	(1)	(2)	(3)	(4)
AR (1)	0.026	0.041	0.021	0.008
AR (2)	0.527	0.332	0.330	0.289
Sargan	0.077	1.000	0.859	0.110

注：括号内的数值对于系统GMM模型为z统计量值。*、**、***分别代表10%、5%、1%的显著水平。AR（1）、AR（2）与Sargan检验输出结果为P值。

6 研究结论与政策建议

通过对财政分权影响经济增长质量的实证研究，深入探讨不同地区经济发展水平、地方债务水平和土地财政依赖水平背景下财政分权对经济增长质量的影响及其机制后发现，财政分权作为一种重要的地方政府体制安排，对于提高经济增长质量具有重要作用。本章旨在通过前文的理论和实证研究结果，为地方政府提高经济增长质量提供理论指导和实践借鉴。

6.1 研究结论

6.1.1 财政分权影响经济增长质量的研究结论

一是财政收入分权和财政支出分权均会显著提高经济增长质量，财政分权对经济增长强度、经济增长外向性、人力资本和生态资本具有显著促进作用，对经济增长稳定性和产业结构合理化具有显著抑制作用。中央通过财政分权的制度设计，对地方政府履行发展型职能具有显著效果。但由于存在地区间恶性竞争和资源配置不均衡的现象，因而影响了整体经济的平衡性和结构优化。

二是财政分权对经济增长质量影响的门槛效应分析显示，随着财政收入分权水平的提高，财政收入分权对经济增长质量由没有影响转变为显著的正向作用。随着财政支出分权水平的提高，财政支出分权对经济增长质量由没有影响转变为显著的正向作用，继而转变为没有影响。财政分权制度对地方经济发展的激励效果显著，在收入分权和支出分权水平设定上存在最优区间。

三是财政分权对不同经济发展水平地区的经济增长质量影响效果具有显著门槛效应差异。按经济发展水平以及实际财力状况差异划分为三类地区，研究显示，随着财政分权水平的提高，第一类地区财政收入分权和支出分权对经济增长质量由没有影响转变为显著的正向作用。第二类地区门槛效应均不成立。第三类地区财政收入分权和支出分权对经济增长质量由没有影响转变为显著的正向作用，继而又转变为没有影响。财政分权通过赋予地方政府更多的资源配置权和决策自主权，使得地方政府能够更有效地针对本地区经济发展的实际需求做出相应决策。然而，因地方政府的管理能力、制度环境以及宏观经济环境等因素差异，故财政分权对经济发展水平较高地区经济增长质量提升的效果比其他两类地区更好。

6.1.2 财政分权影响经济增长质量的拓展分析——纳入地方政府债务的研究结论

一是在高地方债务地区和低地方债务地区的实证分析中，财政收入分权和财政支出分权对经济增长质量均有显著提升作用，而且在高地方债务地区具有更大的提升作用。改变样本初始时间和增加控制变量的稳健性检验都验证了上述两个回归结果的信度。高地方债务地区由于地方政府面临着更大的财政压力，对资源的配置和利用会更加谨慎和高效。

二是在高地方债务地区中，财政收入分权显著提升了经济增长强度、经济增长外向性、人力资本和生态资本，显著降低了产业结构合理化。财政支出分权显著提升了经济增长外向性和人力资本，显著降低了产业结构合理化。在低地方债务地区中，财政收入分权显著提升了人力资本和生态资本，显著降低了经济增长稳定性和产业结构合理化。财政支出分权显著降低了经济增长稳定性、产业结构合理化和经济增长外向性。地方政府债务在充实了地方财力的同时，激励了地方政府积极地推动经济增长、吸引外部投资、促进人力资本和生态资本的发展，从而提升了经济增长强度、经济增长外向性以及人力资本和生态资本的水平。然而，这种过度依赖举债的决策将导致地方政府在产业发展方面过度追求短期利益，从而降低了经济增长稳定性和产业结构合理化。

三是在第一类地区中，高地方债务地区财政收入分权和财政支出分权对经济增长质量都具有显著提升作用。低地方债务地区财政收入分权和财政支出分权对经济增长质量都具有显著提升作用。在第二类地区中，高地方债务地区和低地方债务地区财政收入分权和财政支出分权对经济增长质量的影响并不显著。在第三类地区中，高地方债务地区财政收入分权和财政支出分权对经济增长质量均无显著影响。而在第三类地区的低地方债务地区，财政收入分权和财政支出分权对经济增长质量具有显著提升作用。经济发展状态较好的地区拥有更好的要素禀赋和更灵活的政策实施环境，无论债务水平高低均使得财政收入分权和财政支出分权能够有效地促进经济增长。但经济状况较差的地区经济往往发展自主性不足，更多依靠中央政策支持和资源调配来推动经济增长。

6.1.3 财政分权影响经济增长质量的拓展分析——纳入土地财政的研究结论

一是高土地财政地区和低土地财政地区的实证分析显示，财政收入分权和财政支出分权对经济增长质量都具有显著提升作用。而且与低土地财政地区相比，在高土地财政地区，财政分权对经济增长质量具有更大的提升作用。在财政分权激励地方政府积极发展地方经济的同时，土地财政作为地方政府财力的补充措施，有效地提升了当地资源配置水平和财政支出能力，促进了当地经济的发展和结构优化。

二是在高土地财政地区中，财政收入分权显著提升了经济增长强度、经济增长外向性、人力资本和生态资本，显著降低了经济增长稳定性、产业结构合理化。财政支出分权显著提升了经济增长强度、经济增长外向性、人力资本和生态资本，显著降低了产业结构合理化。在低土地财政地区中，财政收入分权显著提升了人力资本。财政支出分权显著提升了人力资本，显著降低了产业结构合理化。高土地财政地区地方政府更倾向于采取激进的经济政策，以追求更快的经济增长绩效。地方政府更愿意通过放宽市场准入、提供税收优惠等手段吸引外部投资和促进产业扩张，以增加地区经济的活力和竞争力，从而提升经济增长强度和外向性。然而，这种激进的经济政策可能会导致经济增长的不稳定性和产业结构的不合理化。在追求快速增长的同时，地方政府容易忽视风险管理和产业结构调整的重要性，导致经济在一定程度上过度依赖于某些特定行业或外部因素，增加经济面临的风险和不确定性，同时可能加剧资源的不合理配置和环境的破坏。

三是在第一类地区中，高土地财政地区和低土地财政地区的财政收入分权和财政支出分权对经济增长质量都具有显著提升作用，其中高土地财政地区的财政收入分权对经济增长质量具有更大的提升作用，而低土地财政地区的财政支出分权对经济增长质量具有更大的提升作用。在第二类地区中，高土地财政地区和低土地财政地区的财政收入分权和财政支出分权对经济增长质量的影响均不显著。在第三类地区中，高土地财政地区的财政收入分权和财政支出分权对经济增长质量均有显著提升作用，低土地财政地区的财政收入分权对经济增长质量具有显著提升作用，财政支出分权对经济增长质量的影响并不显著。经济状况较好的高土地财政地区通过对财政资源更有效的利用来加强经济建设，从而提高经济增长质量。而低土地财政地区需要更灵活的支出安排以匹配有限的财政资源，重点支持关键领域的发展以提升经济增长质量。经济状况较差的地区因政府财力不足而面临更大的发展压力，需要更多的政策支持来实现高质量发展。

6.2 提升经济增长质量的思路与建议

6.2.1 保障地方政府财政收入，缓解地方财政压力

现阶段中国经济面临转型和增速放缓的挑战，中央政府需进一步合理划分各层级政府的财政收益边界，需要将已有的财政收入分配制度化和法治化，最大程度地激发各级政府创造财政收入的积极性，以提升地区经济增长质量。

1）中央政府持续加强对地方政府的集权，增强地方政府发展激励

考虑到中国的历史传统、文化基础和民族构成，建立中央政府适度集权的财政体制是现实选择。这意味着中央政府应掌握重要的事权，并在决策和监督维度上居于主导地位。通过集中财权，中央政府能够掌控较大的财力，拥有较强的财政支配能力，并通过实施财政转移支付来平衡政府间的财力分配。这不仅增强了中央政府的权威性和控制力，也与其纠正区域性公共产品供给外部效应、统筹实现全国基本公共服务均等化以及实施宏观调控等职责所需的财力保障和最终责任密切相关。因此，一是不能以削弱国家财权为代价来调动各方的改革积极性。相反，需要以统一国家财权为前提，完善国家治理体系。重点在于解决中央和省级政府之间的事权划分问题。应通过列举法合理划分中央和省级政府间的行政权力，以及对应的专有事权和共有事权。二是优化中央和省级政府间的支出责任划分，使其按照事权的权责维度承担相应的财政支出责任，从财政角度促进权责统一。同时，中央政府在财政收入的初次分配环节应保持适度集中；在转移支付后的再分配环节，地方政府应拥有较大的财力份额。

2）继续深化央地收入分成改革，保障地方政府整体利益

在多层级政府体系中，国家财政收入分权改革是至关重要的核心环节，也是整个财政体制改革的基础。当前，一是需要及时调整央地政府间利益分配不均衡、不协调的状态，特别是在重新评估央地政府事权的基础上，深化央地政府之间的财权分配。在推进财政收益权改革的过程

中，应综合协调财政收入分成和中央财政转移支付之间的关系。建议适度增加地方政府在财政收入初次分配中的份额，以提高地方政府财政收入的自主性和积极性。二是需要适度减少中央财政转移支付的比例，特别是减少具有税收激励性质的转移支付，将这部分资金用于初次分成环节。这不仅有助于解决央地财政关系中存在的纵向失衡问题，还能避免地方政府软预算约束问题的产生，进一步促进地方政府的税收积极性。

3）建立高质量转移支付制度，提升地方财政应变能力

当前，为了降低财政支出分权对地方财政韧性的负面影响，一是应增加转移支付的规模，以支持实现提升经济增长质量的目标。这包括建立高质量发展转移支付奖补制度，通过激励措施深度激发市场主体活力，特别是在西部地区推动以数字经济为引领的现代产业体系建设，探索新的发展路径。二是需优化转移支付方式和结构，进一步加大对中西部地区的均衡性转移支付力度，提升民生建设水平，支持基础设施、生态环保和社会民生项目，以实现区域间基本公共服务的均等化供给。三是应建立审计结果和转移支付分配挂钩的机制，实施奖惩措施以激励地方政府的财政管理效率和绩效。这包括对表现突出的地区给予财政奖补，强化财政预算管理、绩效评估及相关财政管理的监控与激励，以保障地方财政的可持续发展。

6.2.2 建立增强中央政府财政能力的集权程度较高的财政体制

本书着眼于“谋划新一轮财税体制改革”关键议题，旨在解决当前财政分权中存在的诸多问题，实现财政体制的改革和优化，以促进地方经济发展、提高财政资源利用效率、加强中央与地方政府间合作与协调，进而推动高质量发展。

1）建立政府间事权与支出责任相适应制度

一是应基于事权执行权维度，明确中央和省级政府间的事权划分，实现权责配置与财政支出责任精准对应。既要防止上级政府转嫁支出责

任，也要避免地方政府出现隐性责任负担，需通过列举法进一步明确中央和省级政府的专有事权和对应的财政支出责任，从而为各层级政府财力配置提供制度依据。二是部分地方政府承担的基本公共服务执行权和财政支出责任应上收，由中央政府直接承担与执行责任相对应的支出责任，增加中央政府支出占比，减轻地方政府财政压力。中央政府委托地方政府行使事权时，应通过中央专项转移支付提供相应经费。随着社会性支出比重上升，地方政府支出不确定性带来的风险增加，中央政府各职能部门和直属机构不得要求地方安排配套资金。三是中央与省级政府共同事权的支出责任，应根据基本公共服务的受益范围和影响程度，区分情况确定各自财政支出责任分担比例。对于义务教育、公共卫生、计划生育和社会保障等基本公共服务，应依性质和特点，采取按比例分担、按项目分担和按机构隶属关系分担等方式，明确中央和省级政府各自的支出责任。

2）因地制宜地设置财政分权强度

由于我国不同区域在资源禀赋和经济水平等方面存在显著差异，导致各地财政分权水平及其促进经济发展质量的效果不同。因此，推进分权改革时应因地制宜地设置财政分权强度。一是差异化安排地方政府的支出责任。不同区域的地方政府在财政收入和发展要求上存在差异，如果采用“一刀切”的财政分权政策，会损害公平和效率。应在兼顾公平和规范的前提下，依据地区财政收入水平安排支出责任，并细化具体责任至职能部门。二是灵活运用财税工具。对于财政收入占比低的地区，地方政府可以采用税收优惠等政策扶持本地经济发展，提升收入分权强度。对于财政收入自治率低的地区，地方政府可以通过培育地方主体和辅助性税种来刺激经济发展，提高收入分权水平。三是建立财税强度调节机制。在支出责任不变的条件下，辖区内企业的种类、数量、结构和规模等因素影响税源和财政收入。随着企业迁出或入驻，该地区税源和收入分权程度相应变化。地方政府通过招商引资提供优质税源时，可以适当采用税收优惠和返还等宽松的财税政策。当引进企业对本地企业产生“挤出”效应时，为保护本地企业发展，可以适当采用高税率等严格的财税政策。

3）发挥省级政府在中国财政体制中的重要作用

在明确中央与省级政府事权划分的基础上，进一步推进省级以下各级地方政府间的事权和支出责任划分，构建中国现代财政制度的整体框架。一是动态调整省级政府承担的事权和支出责任。省级政府作为地方行政建制的最高层级，在事权划分和财政体制改革中起着承上启下的作用。通过明确中央与省级政府的事权划分，构建中国现代财政制度的整体框架，确保中央政府直接履行与执行责任相对应的支出责任，减少地方政府的财政压力。二是持续完善省级政府财政责任机制，使其成为相对独立且负有相应责任的财政主体。鉴于各地区在行政体制、人口、区域经济发展水平、社会条件和自然生态状况等方面的差异，省级政府应在中央政府统一领导下，拥有一定的自由裁量权，决定本行政辖区内的管理职能，并监督市县等基层政府的事权履行。三是积极探索省级以下地方政府间的事权和支出责任划分。省级政府应在将各级地方政府的事权和支出责任重心适当上移的前提下，明确划分各级地方政府的事权范围，并确定具体的事权和支出责任划分。省级政府应承担平衡辖区内横向和纵向财政的责任，确保省域范围内各基层政府具备大致相同的财政能力和基本公共服务水平。

4）妥善处理条块财政关系

一是针对中央政府职能部门倾向于通过专项转移支付和行政审批干预地方政府的现状，应根据具体责任授予相应的权力，确保权力的运行受责任制约。明确界定中央政府职能部门的权力范围和相应的支出责任，不得将这些责任转移给地方政府或同级部门。二是协调中央政府职能部门与财政部门的关系，处理好具有财政预算分配权的中央政府职能部门与同级财政部门及省级政府职能部门的财政关系。整合财政资金，缓解财政资金条块分割，形成中央政府职能部门和省级政府事权清晰、分工明确的多中心治理格局。建议实行财政部直属派出机构制度，监督中央政府各部委的收入与支出。适时实行中央各部委财务司局负责人由财政部任命并垂直领导的政策，确保政府财政收入与支出最大限度地体现中央政府的意图。

6.2.3 合理推进“以时间换空间”，缓释地方政府债务压力

从现有地方政府债务规模来看，全国各省份债务风险整体可控，但广义债务风险较为突出。为有效防范化解地方债务风险，需坚持“以时间换空间”的原则，在发展中解决问题。短期来看，需坚持“开前门、堵后门”的管理思路，助力债务风险软着陆。从中长期来看，一方面要持续推进财税体制改革，另一方面要设立完整的债务监管框架。合理利用债务置换等手段，适当放松对融资平台的融资限制，缓释流动性风险。

1）优化地方债务结构与管理机制，实现财政稳健发展

优化债务结构与有效管理之间的关系至关重要，旨在降低利息负担，提升债务管理效率。一是应重视地方政府债务管理，以特殊再融资债券为工具，优先支持风险高、偿债压力大的地区进行债务置换，这有助于调整债务结构，降低风险，并提升整体管理效率。在此过程中，财政部应强化风险管控，确保置换符合财政政策框架，充分考虑地方政府实际情况，灵活制定政策措施，确保长期效益和财政稳健发展。二是严格控制新增政府投资项目，审慎评估项目必要性和可行性，以确保项目对地方经济发展贡献大于其带来的财政风险，从而保障债务置换顺利进行。同时，加强对新增专项债的审核和监管，确保资金用于符合政府政策和规划的领域，防止资金滥用，促进地方经济健康稳定发展。三是在处理债务发展与有效管理的关系中，应加快推动政府或有债务与法定债务的“合并监管”，完善债务信息披露制度，加强各级政府的统一监管，形成常态化监督、问责机制。同时，要完善前瞻性风险预警机制，包括隐性债务在内，构建科学合理的评估指标体系和预警模型，提高风险防控效率，有效应对债务风险。此外，还应加强专项债务的全流程管理，开辟配套建设绿色通道，健全资金用途调整机制，提升资金使用效率，增强债务偿还的可持续性和稳定性。

2）盘活现有资产，增厚偿债资金

债务置换虽然能够在一定程度上缓解地方政府的到期偿债压力，但并不能真正缩减债务规模。因此，直接盘活资产获取资金来偿还债务或增强自身偿债能力是一种更为直接有效的方法。一是通过利用财政结余资金、政府性基金和超收收入等方式筹措化债资金，可以有效地提供偿债所需的资金来源。这些资金来源具有稳定性和可预期性，可以为债务偿还提供可靠的保障。同时，通过预算安排，压缩非必要支出，可以释放出更多的资金用于偿债，提升财政偿债能力。二是加大国有资产盘活力度，当前我国国有资产规模300多万亿元，其中包括大量房产、公路、厂房设备、公共设施等在内的固定资产。基于300多万亿元的资产总额，国有企业仅4.5万亿元的利润总额反映了其中不乏大量闲置或使用效率较低的存量资产。通过出售闲置资产或进行资产重组，可以快速获得大量资金用于偿债。此外，成立信用保障基金和债务化解基金也是一种有效的方式，可以为地方政府偿债提供额外的保障，提升其信用水平和偿债能力。在基建项目量大、质优、金融开放度高的地区，可以采取加大不动产投资信托基金（REITs）盘活存量资产力度的措施。通过将地方政府持有的优质不动产项目打包成REITs，吸引投资者参与，可以获得大量的资金用于偿债，同时也能够提升地方政府的资产管理水平和财政偿债能力。

3）统筹推进财政与金融协同化债，强化协同机制

中央政府需从制度层面对参与化债方提供保障，如发行专项债等，同时央行加大资金支持力度，持续提供低利率环境。金融资源注入要从两个方面入手：一是推置换，首先用好财政部批准的隐性债务置换资金（置换债、特殊再融资债），其次要争取金融机构参与隐性债务置换，其中以政策性银行和商业银行为主。二是议展期，债务展期的核心思路是，将平台的非标债务和银行贷款进行展期和降息，从而保证公开债券的正常兑付，降低债务利息成本，进而缓解债务压力。非标融资、银行贷款、公开债券三者的违约成本不同，非标即使违约可能也不影响融资主体的征信状况，但公开债券的信息是完全透明公开的，一旦违约，会对融资主体的信用情况造成严重的负面影响，违约成本最高。省级政府

推动地方政府与金融机构协商制订具体化债方案，金融机构按照市场化、法治化原则与融资平台平等协商，重点置换高成本的融资产品，协商优化还本付息方式。

6.2.4 持续推进财政结构性改革，提升土地财政效率与透明度

随着我国房地产市场供求关系发生重大变化，房地产进入新一轮的周期性调整，短期内土地市场热度的衰退可能给地方财政运转带来新的挑战。在这一背景下，要采取因地制宜的措施，充分调整和利用土地财政政策工具箱，以应对新形势下新的要求和挑战。

1）优化土地管理制度和税收制度，提升土地利用效率和增加财政收入

在中国的土地财政体系中，优化土地管理制度和税收制度是提升土地利用效率和增加财政收入的关键步骤。在土地结构的优化配置方面，建立健全的土地利用规划机制是至关重要的。通过科学规划和合理布局，可以使土地资源得到合理利用，避免资源浪费和低效率现象的发生。同时，建立供给机制，确保土地供给与实际需求相匹配，避免过度供给或供给不足的情况出现，从而提高土地利用的效率和质量。在土地税收方面，加强监管是关键。通过建立完善的税收征管机制，加强对土地税收的监管，可以有效避免税收漏征和滥用现象的发生，保障税收的合理征收和使用。同时，对于违法违规行为，应加大打击力度，提高违法成本，从而有效遏制违法行为的发生，保护税收利益和公共利益。

2）构建透明公正的土地财政资金使用监督机制，保障资金合理高效使用

解决土地财政存在的土地资源浪费和违法违规等问题，需要构建透明、公正的土地财政资金使用监督机制。加强土地使用监管和执法力度，严厉打击违法违规行为，确保土地资源的合理利用。同时，建立透明、公正的土地财政资金使用监督机制，加强对土地财政资金使用过程的监督和审计，确保土地财政资金的合理、高效使用，提高土地财政的

透明度和公信力。

3）实行区域间差异化土地政策，促进各地区经济均衡发展

在区域间差异化土地政策方面，针对不同地区的特点和发展需求，提出相应的政策建议，促进各地区经济均衡发展。对于东部地区，应进一步释放私人投资潜力，调整和优化土地财政结构。通过政策激励和优化营商环境，促进私人资本在技术创新、产业升级等领域的投入，降低对传统土地财政的依赖。同时，调整土地出让政策，避免过度开发商住用地，引导房地产市场健康发展，促进土地资源的高效利用和产业结构的优化。对于中部地区，应发挥自然资源和地理位置优势，加快产业转型升级的步伐。通过引进和吸纳沿海产业转移，发展具有地方特色的优势产业和战略性新兴产业，推动产业结构的优化和经济增长的升级。对于西部地区，重点在于加强土地开发利用，推进地区工业化和城市化进程。制定符合西部特点的土地政策，激活未充分利用的土地资源，加大基础设施建设投入，改善交通、能源供应等状况，为工业化和城市化提供支撑，促进西部地区经济快速发展和社会全面进步。

主要参考文献

[1] 白积洋，刘成奎.中国地方政府债务可持续、财政空间与经济增长 [J]. 经济理论与经济管理，2022，42（8）：61-72.

[2] 曹光远，张曾莲.地方政府债务影响经济增长质量的空间效应与门槛效应研究 [J]. 现代经济探讨，2020（8）：57-68.

[3] 曾冰.美好生活视域下中国省域经济效率评价及其影响因素 [J]. 深圳大学学报（人文社会科学版），2022，39（4）：74-85.

[4] 钞小静，任保平.中国的经济转型与经济增长质量：基于TFP贡献的考察 [J]. 当代经济科学，2008（4）：23-29；124-125.

[5] 陈凤兰，武力超，戴翔.制造业数字化转型与出口贸易优化 [J]. 国际贸易问题，2022（12）：70-89.

[6] 陈恭军.土地资源错配、产业结构与雾霾污染——基于空间计量和动态面板门槛模型的实证分析 [J]. 中国软科学，2022（12）：143-152.

[7] 陈共.构建新时代中国特色社会主义财政学 [J]. 财政研究，2020（8）：3-11.

[8] 陈海龙，周融，雷汉云.激励与惩罚：碳排放权交易试点对产业结构的影响 [J]. 云南财经大学学报，2023，39（6）：18-34.

[9] 陈建宇，余金湘，南永清.中国高质量发展测度与地方政府行为研究 [J]. 经济问题探索，2023（8）：51-67.

[10] 陈菁泉，刘淑敏，彭雪鹏，等.地方政府融资方式的地区差异及其影响机制 [J]. 经济理论与经济管理，2022，42（12）：32-47.

[11] 陈明华，张晓萌，仲崇阳，等.长江经济带全要素生产率增长的地区差异及影响因素［J］. 经济社会体制比较，2018（2）：162-172.

[12] 陈旭东，王雪滔.财政支出分权、民生性财政支出与财政收入质量［J］. 当代财经，2023（7）：31-43.

[13] 陈志刚，姚娟.环境规制、经济高质量发展与生态资本利用的空间关系——以北部湾经济区为例［J］. 自然资源学报，2022，37（2）：277-290.

[14] 陈志勇，陈莉莉.财税体制变迁、“土地财政”与经济增长［J］. 财贸经济，2011（12）：24-29.

[15] 程中华，金伟.财政分权影响中国经济绿色增长吗？［J］. 财贸研究，2021，32（3）：69-84.

[16] 储德银，费冒盛.财政纵向失衡、土地财政与经济高质量发展［J］. 财经问题研究，2020（3）：75-85.

[17] 储德银，邵娇.财政纵向失衡、公共支出结构与经济增长［J］. 经济理论与经济管理，2018（10）：30-43.

[18] 储德银，迟淑娴，纪凡.中国式分权、转移支付与居民收入不平等［J］. 财经论丛，2017（6）：29-40.

[19] 邓晓兰，刘若鸿，许晏君.经济分权、地方政府竞争与城市全要素生产率［J］. 财政研究，2019（4）：23-41.

[20] 刁伟涛.债务率、偿债压力与地方债务的经济增长效应［J］. 数量经济技术经济研究，2017，34（3）：59-77.

[21] 杜彤伟，张屹山，杨成荣.财政纵向失衡、转移支付与地方财政可持续性［J］. 财贸经济，2019，40（11）：5-19.

[22] 丁焕峰，周艳霞.创新驱动视角下中国城市经济增长质量时空演变研究［J］. 经济问题探索，2017（8）：79-86.

[23] 范子英.土地财政的根源：财政压力还是投资冲动［J］. 中国工业经济，2015（6）：18-31.

[24] 范子英，赵仁杰.财政职权、征税努力与企业税负［J］. 经济研究，2020，55（4）：101-117.

[25] 范欣，刘伟.全要素生产率再审视——基于政治经济学视角［J］. 中国社会科学，2023（6）：4-24；204.

[26] 方红生，张军.财政集权的激励效应再评估：攫取之手还是援助之手？［J］. 管理世界，2014（2）：21-31.

[27] 冯娟.基于价值规律的我国供给侧结构性改革研究［J］. 当代经济管理，2021，43（3）：17-24.

[28] 冯海波，葛小南.R&D投入与经济增长质量——基于绿色全要素生产率的省

际面板数据分析［J］. 软科学，2020，34（4）：7-12.

［29］ 付敏杰，张平.社会主义市场经济体制改革中的经济增长——一种政治经济学探索［J］. 经济研究，2022，57（7）：189-208.

［30］ 付敏杰.预算执行紧缩下的积极财政政策［J］. 社会科学战线，2022（6）：52-67.

［31］ 傅勇，张晏.中国式分权与财政支出结构偏向：为增长而竞争的代价［J］. 管理世界，2007（3）：4-12；22.

［32］ 傅勇.中国的分权为何不同：一个考虑政治激励与财政激励的分析框架［J］. 世界经济，2008（11）：16-25.

［33］ 郭传辉.地方政府债务支出效率若干问题思考［J］. 地方财政研究，2019（12）：96-100.

［34］ 郭庆旺.论加快建立现代财政制度［J］. 经济研究，2017，52（12）：19-21.

［35］ 郭然，梁艳.环境规制、财政分权与经济高质量增长［J］. 大连理工大学学报（社会科学版），2022，43（3）：51-61.

［36］ 郝颖，辛清泉，刘星.地区差异、企业投资与经济增长质量［J］. 经济研究，2014，49（3）：101-114；189.

［37］ 郝春虹，王英家，贾晓俊，等.分好“财政蛋糕”：对转移支付财力均等化效应和效率的考察［J］. 中国工业经济，2021（12）：31-49.

［38］ 何凌云，马青山.财政分权对城市创新的影响——基于地方政府竞争视角［J］. 经济与管理研究，2020，41（10）：132-144.

［39］ 何杨，王蔚.土地财政、官员特征与地方债务膨胀——来自中国省级市政投资的经验证据［J］. 中央财经大学学报，2015（6）：10-19.

［40］ 侯世英，宋良荣.财政分权、地方政府行为与经济高质量发展［J］. 经济问题探索，2020（3）：33-44.

［41］ 胡佳，杨运忠.财政分权及地方政府支出行为对城乡收入差距的影响［J］. 华东经济管理，2019，33（11）：94-99.

［42］ 胡耀宗，刘志敏.从多渠道筹集到现代教育财政制度——中国教育财政制度改革40年［J］. 清华大学教育研究，2019，40（1）：111-120.

［43］ 胡海生，刘红梅.土地财政收入、生产性支出和经济增长研究——基于省际面板数据的非线性阈值分析［J］. 财经理论与实践，2020，41（4）：78-85.

［44］ 韩凤芹，蔡佳颖.财政分权、政府间竞争与地方政府债务风险——基于省级数据空间效应的实证［J］. 统计与决策，2021，37（17）：149-154.

［45］ 黄妍妮，李勇刚，王猛.土地财政、房价波动与经济增长——基于面板数据联立方程的研究［J］. 经济问题探索，2017（5）：31-37.

[46] 江红莉，蒋鹏程.财政分权、技术创新与经济增长质量［J］. 财政研究，2019（12）：75-86.
[47] 冀云阳，付文林，束磊.地区竞争、支出责任下移与地方政府债务扩张［J］. 金融研究，2019（1）：128-147.
[48] 冀云阳，吕柃瑶.地方政府债务对土地资源空间配置的影响研究［J］. 财贸研究，2023，34（4）：60-68.
[49] 冀云阳，钟世虎.地方政府债务对全要素生产率的影响研究［J］. 财政研究，2022（4）：87-99.
[50] 金刚，沈坤荣.新中国70年经济发展：政府行为演变与增长动力转换［J］. 宏观质量研究，2019，7（3）：1-16.
[51] 金成晓，姜旭.稳增长视角下积极财政政策总量扩张和结构优化的动态选择［J］. 当代财经，2022（12）：27-39.
[52] 孔莉，彭宇亭，吴涛.地方政府债务对居民消费的传导机制及影响效应［J］. 中国流通经济，2023，37（11）：89-104.
[53] 李琛，赵军.对外直接投资增长的"中国故事"——基于财政分权与地方政府行为视角的解读［J］. 国际商务（对外经济贸易大学学报），2020（2）：62-77.
[54] 李桂君，田宗博，宋砚秋.地方政府债务对城市经济高质量发展的影响研究［J］. 中央财经大学学报，2023（1）：3-14.
[55] 李军林，万燕鸣，张英杰.双重激励下的组织行为——一个关于国有企业（SOEs）的理论［J］. 经济学动态，2011（1）：86-88.
[56] 李丽珍，刘金林.地方政府隐性债务的形成机理及治理机制——基于财政分权与土地财政视角［J］. 社会科学，2019（5）：59-71.
[57] 李强，刘庆发.财政分权、地方竞争与经济增长质量［J］. 大连理工大学学报（社会科学版），2021，42（5）：33-40.
[58] 李青原，胡龙吟，蔡长昆，等.地方政府经济职能转变与资源配置效率——以政府工作报告的内容分析为例［J］. 经济科学，2023（3）：82-97.
[59] 李树，陈刚.环境管制与生产率增长——以APPC2000的修订为例［J］. 经济研究，2013，48（1）：17-31.
[60] 李一花，王冠芳，祝婕，等.债务限额、税收自主权与地方政府隐性债务风险［J］. 经济理论与经济管理，2022，42（6）：19-32.
[61] 李永乐，胡晓波，魏后凯."三维"政府竞争——以地方政府土地出让为例［J］. 政治学研究，2018（1）：47-58；127.
[62] 李永友，邓龙真.财政安全的测度方法与现实考量［J］. 北京社会科学，2023（6）：88-99.

[63] 李勇刚，高波.政治激励机制下的土地财政与经济增长——基于市级面板数据的空间计量分析［J］. 南京社会科学，2013（12）：15-22.
[64] 李玲，陶锋.中国制造业最优环境规制强度的选择——基于绿色全要素生产率的视角［J］. 中国工业经济，2012（5）：70-82.
[65] 李腾，张钟元，郑飞.土地财政依赖影响区域创新能力的效果机制分析［J］. 云南财经大学学报，2024，40（2）：1-14.
[66] 林春，孙英杰.财政分权与中国环境治理绩效关系——基于省级面板数据的实证检验［J］. 经济体制改革，2019（2）：150-155.
[67] 刘尚希，李敏.论政府间转移支付的分类［J］. 财贸经济，2006（3）：17-22；96.
[68] 刘弘阳.我国地方政府竞争运行机理及其规制途径研究［J］. 经济体制改革，2018（1）：32-37.
[69] 刘建江，易香园，王莹.新时代的产业转型升级：内涵、困难及推进思路［J］. 湖南社会科学，2021（5）：67-76.
[70] 刘凯，刘涛.中国市域经济发展质量水平的格局演变及其驱动因子［J］. 经济地理，2023，43（12）：80-90.
[71] 刘凯.中国特色的土地制度如何影响中国经济增长——基于多部门动态一般均衡框架的分析［J］. 中国工业经济，2018（10）：80-98.
[72] 刘立峰，曹开琛，冯程程.地方政府投融资模式的转换与优化［J］. 宏观经济研究，2023（12）：4-11.
[73] 刘穷志，岳明阳，李晓淳.地方财政政策逆周期调节：财政分权还是债务增发［J］. 经济理论与经济管理，2021，41（6）：50-65.
[74] 刘琼莲.社会治理共同体高质量发展的三重逻辑、推进重点与创新路径［J］. 天津社会科学，2023（6）：72-81.
[75] 刘瑞明，白永秀.晋升激励与经济发展［J］. 南方经济，2010（1）：59-70.
[76] 刘馨月，金兆怀.人口流动、财政分权与地方政府债务——基于省级面板数据的经验分析［J］. 经济问题，2021（5）：63-70.
[77] 刘燕，梁双陆，张利军.生态资本积累、创新与地区经济增长［J］. 资源开发与市场，2018，34（3）：347-354.
[78] 刘志彪.以城市化推动产业转型升级——兼论“土地财政”在转型时期的历史作用［J］. 学术月刊，2010（10）：65-70.
[79] 刘军，边志强.资源型城市经济高质量发展水平测度研究——基于新发展理念［J］. 经济问题探索，2022（1）：92-111.
[80] 刘佳，吴建南.中国地方政府土地财政的影响因素研究——基于地市面板数据［J］. 经济管理，2015（6）：154-165.

[81] 刘红芹，耿曙，郭圣莉．土地出让：以地生财还是引资晋升——针对两类用地市场的分析［J］．公共行政评论，2019，12（3）：3-23；189.
[82] 刘伟江，王虎邦．地方债务对经济高质量发展的影响分析［J］．云南财经大学学报，2018，34（10）：73-85.
[83] 卢现祥，滕宇汯．土地财政依赖异质性如何影响地区经济发展？［J］．学习与探索，2020（7）：120-129.
[84] 吕冰洋，陈怡心．财政激励制与晋升锦标赛：增长动力的制度之辩［J］．财贸经济，2022，43（6）：25-47.
[85] 吕冰洋，贺颖．分权、分税与市场分割［J］．北京大学学报（哲学社会科学版），2019，56（3）：54-66.
[86] 吕冰洋，台航．国家能力与政府间财政关系［J］．政治学研究，2019（3）：94-107；128.
[87] 吕冰洋，毛捷．金融抑制和政府投资依赖的形成［J］．世界经济，2013，36（7）：48-67.
[88] 陆铭．大国治理——高质量发展与地方间竞争的空间政治经济学辨析［J］．经济社会体制比较，2023（3）：94-103.
[89] 罗长林．合作、竞争与推诿——中央、省级和地方间财政事权配置研究［J］．经济研究，2018，53（11）：32-48.
[90] 吕炜，靳继东．财政、国家与政党：建党百年视野下的中国财政［J］．管理世界，2021，37（5）：24-45；70.
[91] 吕炜，王伟同．中国的包容性财政体制——基于非规范性收入的考察［J］．中国社会科学，2021（3）：46-64；205.
[92] 吕宏军，侯娜娜．数字经济、产业链现代化与经济高质量发展：作用机理和实施路径［J］．西安财经大学学报，2024，37（1）：94-104.
[93] 马万里，李齐云．从“援助之手”到“攫取之手”：地方政府行为差异的政治经济学分析［J］．财政研究，2017（1）：77-88.
[94] 马万里．中国式财政分权：一个扩展的分析框架［J］．当代财经，2015（3）：24-33.
[95] 毛捷，徐军伟．地方融资平台公司的市场化转型研究——制度溯源、个性刻画与实现路径［J］．财贸经济，2021，42（3）：28-43.
[96] 毛捷，马光荣．政府债务规模与财政可持续性：一个研究综述［J］．财政科学，2022（11）：10-41.
[97] 莫长炜，林月萍，王燕武．产业集聚视角下土地财政对城市空间扩张质量的影响研究［J］．财贸经济，2023，44（4）：21-40.
[98] 缪小林，赵一心．地方债对地区全要素生产率增长的影响——基于不同财政

独立性的分组考察［J］. 财贸经济，2019，40（12）：50-64.
［99］ 庞伟，孙玉栋.财政分权、地方政府竞争对财政支出效率的空间效应［J］. 现代经济探讨，2018（10）：42-49.
［100］ 邱冬阳，白玉铭，王全意.经济增长预期目标与经济发展质量可以兼得吗？——基于中国30个省域耦合协调实证分析［J］. 新疆社会科学，2021（6）：26-41；169-170.
［101］ 任保平.经济增长质量：经济增长理论框架的扩展［J］. 经济学动态，2013（11）：45-51.
［102］ 任保平，慕小琼.新发展阶段我国绿色发展的现代化治理体系构建［J］. 经济与管理评论，2023，39（4）：5-16.
［103］ 任保平.从中国经济增长奇迹到经济高质量发展［J］. 政治经济学评论，2022，13（6）：3-34.
［104］ 任亚星，王宝顺.我国财政分权对经济增长的非线性影响实证研究——基于市场化进程的视角［J］. 财政经济评论，2017（1）：69-90.
［105］ 盛丹，张国峰.两控区环境管制与企业全要素生产率增长［J］. 管理世界，2019，35（2）：24-42；198.
［106］ 师博，任保平.中国省际经济高质量发展的测度与分析［J］. 经济问题，2018（4）：1-6.
［107］ 师博.在高质量发展中推进共同富裕的理论逻辑、实践基础与路径选择［J］. 社会科学辑刊，2022（4）：116-125.
［108］ 宋樊君.地方政府投融资平台转型探讨——基于平台公司债务风险视角［J］. 中国流通经济，2018，32（3）：70-84.
［109］ 宋丽颖，张安钦.中国“压力型”财政激励的产业结构调整效应［J］. 财贸经济，2021，42（6）：21-36.
［110］ 宋准，夏添.双“政府-市场”框架下的区域政策路径重构：冲突与分类［J］. 现代经济探讨，2021（6）：19-27.
［111］ 孙超，刘金东.晋升激励、官员异质性与公共投资竞争策略［J］. 经济管理，2023，45（6）：121-138.
［112］ 孙国锋，邹溪洋，王洪亮.对外开放对全国统一大市场建设的影响研究：基于我国市场分割的视角［J］. 中国软科学，2024（1）：99-109.
［113］ 孙倩，封彦，汤勇，等.中国资源型城市土地财政对经济增长的影响——基于住房价格的中介作用［J］. 自然资源学报，2023，38（1）：126-139.
［114］ 孙英杰，林春.财政分权、地方政府债务和全要素生产率——基于省际面板数据的实证分析［J］. 经济经纬，2018，35（6）：135-142.
［115］ 孙玉阳，宋有涛，杨春荻.环境规制对经济增长质量的影响：促进还是抑

制？——基于全要素生产率视角［J］．当代经济管理，2019，41（10）：11-17.

［116］孙秀林，周飞舟．土地财政与分税制：一个实证解释［J］．中国社会科学，2013（4）：40-59.

［117］石佑启，杨治坤．中国政府治理的法治路径［J］．中国社会科学，2018（1）：66-89；205-206.

［118］汤旖璆，苏鑫，刘琪．地方财政压力与环境规制弱化——环境机会主义行为选择的经验证据［J］．财经理论与实践，2023，44（3）：82-91.

［119］唐云锋，马春华．财政压力、土地财政与“房价棘轮效应”［J］．财贸经济，2017，38（11）：39-54；161.

［120］王佳杰，童锦治，李星．税收竞争、财政支出压力与地方非税收入增长［J］．财贸经济，2014（5）：27-38.

［121］王金波，佟继英．财政科教支出、产业结构变迁与技术创新能力——基于供给侧改革视角下的审视［J］．经济问题探索，2018（3）：18-31.

［122］王军，郁智文．环境分权如何影响城市的碳排放强度——基于城市异质性分析［J］．北京理工大学学报（社会科学版），2023，25（3）：41-52.

［123］王秋石，关阵．中国地方政府债务促进了经济增长吗？——一个元分析［J］．公共管理与政策评论，2021，10（3）：107-122.

［124］王云鹏．现代化产业体系的理论构筑与实践策略［J］．江苏社会科学，2023（4）：122-131.

［125］王宏．地区竞争下的“跑部钱进”与最优资源配置［J］．南方经济，2013（12）：13-27.

［126］王永钦，陈映辉，杜巨澜．软预算约束与中国地方政府债务违约风险：来自金融市场的证据［J］．经济研究，2016，51（11）：96-109.

［127］王垒，赵忠超，刘新民．地方政府间竞争与政府规模扩张对碳福利绩效的影响效应分析［J］．管理评论，2019，31（4）：263-282.

［128］王梅婷，张清勇．财政分权、晋升激励与差异化土地出让——基于地级市面板数据的实证研究［J］．中央财经大学学报，2017（1）：70-80.

［129］韦志文，冯帆．本土市场规模与中国制造业创新效率——基于“需求引致创新”理论的实证检验［J］．山西财经大学学报，2024，46（1）：69-83.

［130］魏天敏，雷良海．地方政府专项债规模扩张对产业结构的影响［J］．财会研究，2021（8）：4-10.

［131］魏敏，李书昊．新时代中国经济高质量发展水平的测度研究［J］．数量经济技术经济研究，2018，35（11）：3-20.

［132］文竹，金涛．关于中国经济增长模式的一个解释框架——基于“土地财政”

的演进分析［J］. 金融研究，2022（4）：1-17.

［133］ 吴海军. 地方政府债务治理、地理禀赋与债务结构分化［J］. 经济管理，2023（12）：43-62.

［134］ 吴辉凡，孙成己，项后军. 地方债对区域经济高质量发展的影响研究［J］. 学术研究，2023（3）：101-108.

［135］ 吴利学. 产业结构、生产率与经济增长［J］. 产业经济评论，2021（6）：14-30.

［136］ 吴士炜，汪小勤. 中国土地财政与经济增长关系研究——基于空间杜宾模型实证检验［J］. 宏观质量研究，2017，5（3）：27-38.

［137］ 吴松弟，张永帅，姚永超，等. 中国近代经济地理研究再审视（笔谈）［J］. 云南大学学报（社会科学版），2021，20（2）：77-101.

［138］ 武义青，陈俊先. 绿色全要素生产率测定的一种新方法——以河北省11个设区市工业为例［J］. 河北经贸大学学报，2018（2）：12-16.

［139］ 夏方舟，李洋宇，严金明. 产业结构视角下土地财政对经济增长的作用机制——基于城市动态面板数据的系统GMM分析［J］. 经济地理，2014，34（12）：85-92.

［140］ 向秋兰，蔡绍洪，张再杰. 产业结构演进与中国经济高质量转型发展［J］. 贵州财经大学学报，2023（1）：91-98.

［141］ 肖潇. "十四五"时期中国财政风险的衡量、识别与测算［J］. 宏观经济研究，2022（8）：5-12；54.

［142］ 谢贞发，严瑾，李培. 中国式"压力型"财政激励的财源增长效应——基于取消农业税改革的实证研究［J］. 管理世界，2017（12）：46-60；187-188.

［143］ 熊虎. 地方政府债务的经济增长效应研究——基于数量与质量的双重视角［J］. 宏观质量研究，2021，9（6）：113-128.

［144］ 熊毅，粟勤. 地方政府债务、金融发展水平与新型城镇化高质量发展［J］. 统计与决策，2022，38（23）：112-116.

［145］ 熊伟. 分税制模式下地方财政自主权研究［J］. 政法论丛，2019（1）：64-77.

［146］ 徐斌，叶兵. 财政分权中的灵活性、稳定性与经济增长——基于中国县级数据的实证研究［J］. 南开经济研究，2021（5）：19-36.

［147］ 徐现祥，王贤彬. 晋升激励与经济增长：来自中国省级官员的证据［J］. 世界经济，2010（2）：15-26.

［148］ 徐婷，李祥云. 财政预算软约束视角下地方政府投资冲动研究［J］. 华东经济管理，2018，32（6）：106-114.

[149] 薛白，赤旭.土地财政、寻租与经济增长［J］. 财政研究，2010（2）：27-30.

[150] 席鹏辉，梁若冰，谢贞发，等.财政压力、产能过剩与供给侧改革［J］. 经济研究，2017，52（9）：86-102.

[151] 宋琪，汤玉刚.基于公共品资本化的地方财政激励制度研究——土地财政如何影响公共品提供［J］. 经济理论与经济管理，2016（1）：46-58.

[152] 殷德生，范剑勇.中国宏观经济增长质量的研究进展——理论综述与政策含义［J］. 宏观质量研究，2013，1（3）：15-25.

[153] 袁宝龙，李琛.环境规制政策下创新驱动中国工业绿色全要素生产率研究［J］. 产业经济研究，2018（5）：101-113.

[154] 阳立高，韩峰，曾艺.土地资源配置如何影响城市经济发展质量？——基于土地市场交易价格和城市面板数据的空间计量分析［J］. 管理科学学报，2022，25（7）：106-126.

[155] 杨丹萍，张冀.经济开放度对经济增长的影响分析——基于浙江省1992—2009年数据的实证检验［J］. 国际贸易问题，2011（6）：101-110.

[156] 杨飞虎，余炳文，张鹏.中国经济长期持续均衡增长的挑战、动力及战略选择［J］. 黑龙江社会科学，2016（1）：50-58.

[157] 杨海华，刘玉拴，赵础昊.教育财政分权对公共教育支出层级结构的影响及对策［J］. 地方财政研究，2022（5）：67-75；94.

[158] 杨万平，李冬.中国八大区域经济发展质量的空间差异及其形成机制［J］. 当代经济科学，2022，44（2）：51-65.

[159] 姚洋.中性政府：对转型期中国经济成功的一个解释［J］. 经济评论，2009（3）：5-13.

[160] 尹恒，叶海云.中国政府债务对居民消费影响的实证研究［J］. 北京大学学报（哲学社会科学版），2005（4）：79-87.

[161] 尹李峰，姚驰.地方政府隐性债务影响金融风险的空间溢出效应研究［J］. 浙江社会科学，2022（2）：14-26；155-156.

[162] 于井远.税制结构优化与地区经济增长质量——基于包容性全要素生产率视角［J］. 经济评论，2022（2）：36-50.

[163] 于波，范从来.绿色金融、技术创新与经济高质量发展［J］. 南京社会科学，2022（9）：31-43.

[164] 原伟鹏，孙慧.改革开放40年我国西北地区经济高质量发展评价［J］. 新疆大学学报（哲学·人文社会科学版），2021，49（1）：23-33.

[165] 余斌.全面建设社会主义现代化国家开局起步的关键时期［J］. 江汉论坛，2023（1）：15-24.

[166] 余海跃，康书隆.地方政府债务扩张、企业融资成本与投资挤出效应［J］.世界经济，2020，43（7）：49-72.
[167] 岳树民，卢艺.土地财政影响中国经济增长的传导机制——数理模型推导及基于省际面板数据的分析［J］.财贸经济，2016（5）：37-47；105.
[168] 詹新宇，崔培培.中国省际经济增长质量的测度与评价——基于“五大发展理念”的实证分析［J］.财政研究，2016（8）：39-53.
[169] 詹新宇，刘文彬.地方官员来源的经济增长质量效应研究［J］.中央财经大学学报，2018（4）：78-89.
[170] 詹新宇，刘文彬.中国式财政分权与地方经济增长目标管理——来自省、市政府工作报告的经验证据［J］.管理世界，2020，36（3）：23-39；77.
[171] 詹新宇，韩雪君.财政分权的经济增长质量效应研究——基于中国省际面板数据的系统GMM分析［J］.人文杂志，2018（5）：51-60.
[172] 詹新宇，苗真子.土地财政的经济增长质量效应研究——基于“五大发展理念”的视角［J］.现代财经（天津财经大学学报），2020，40（7）：14-28.
[173] 张曾莲，方娜.地方政府债务对经济高质量发展影响的空间网络与门槛效应研究［J］.国际金融研究，2021（10）：14-25.
[174] 张紧跟.在赋予地方政府更多自主权的改革中激发地级市发展活力［J］.探索，2019（1）：27-35.
[175] 张云晓，赵文举.地方政府显性债务、隐性债务与经济高质量发展——基于非线性与长期效应的实证检验［J］.统计与决策，2023，39（18）：149-153.
[176] 张莉，王贤彬，徐现祥.财政激励、晋升激励与地方官员的土地出让行为［J］.中国工业经济，2011（4）：35-43.
[177] 张莉，徐现祥，王贤彬.地方政府官员合谋与土地违法［J］.世界经济，2011（3）：72-88.
[178] 张牧扬，潘妍，范莹莹.减税政策与地方政府债务——来自增值税税率下调的证据［J］.经济研究，2022，57（3）：118-135.
[179] 张腾，蒋伏心，韦朕韬.数字经济能否成为促进我国经济高质量发展的新动能？［J］.经济问题探索，2021（1）：25-39.
[180] 张腾，蒋伏心.科技金融、技术创新与经济高质量发展［J］.统计与决策，2023，39（9）：142-146.
[181] 张帆.金融发展影响绿色全要素生产率的理论和实证研究［J］.中国软科学，2017（9）：154-167.
[182] 赵扶扬，陈斌开，刘守英.宏观调控、地方政府与中国经济发展模式转型：土地供给的视角［J］.经济研究，2021，56（7）：4-23.

[183] 赵扶扬，陈斌开.土地的区域间配置与新发展格局——基于量化空间均衡的研究［J］. 中国工业经济，2021（8）：94-113.

[184] 赵扶扬，王忏，龚六堂.土地财政与中国经济波动［J］. 经济研究，2017，52（12）：46-61.

[185] 赵扶扬，吴立元，龚六堂.竞争激励下的地方政府行为与宏观经济波动［J］. 世界经济文汇，2021（5）：48-66.

[186] 赵民，王理.我国土地发展权与规划控制的关系初探［J］. 城市规划，2023，47（11）：67-76.

[187] 赵祥，曹佳斌.地方政府“两手”供地策略促进产业结构升级了吗——基于105个城市面板数据的实证分析［J］. 财贸经济，2017，38（7）：64-77.

[188] 赵永辉，付文林，冀云阳.分成激励、预算约束与地方政府征税行为［J］. 经济学（季刊），2020，19（1）：1-32.

[189] 郑骏川.地方政府财政压力、土地出让收益与房地产价格——来自中国35城市面板数据的证据［J］. 宏观经济研究，2020（2）：63-74；175.

[190] 钟文，郑明贵，钟昌标，等.土地出让规模对区域高质量发展的影响效应及机制［J］. 贵州财经大学学报，2023（2）：53-61.

[191] 周佰成，李天野.不确定性视角下统筹经济发展与金融安全的动态路径［J］. 财经科学，2023（9）：1-15.

[192] 周彬，周彩.土地财政、产业结构与经济增长——基于284个地级以上城市数据的研究［J］. 经济学家，2018（5）：39-49.

[193] 周波，孔欣悦，张超.墙内开花墙外香吗——地方政府间标尺竞争策略研究［J］. 华东师范大学学报（哲学社会科学版），2023，55（4）：144-161；180.

[194] 周波，李国英.高质量发展中扎实推进共同富裕——基于财政视角［J］. 东北财经大学学报，2022（1）：3-10.

[195] 周黎安.晋升博弈中政府官员的激励与合作——兼论我国地方保护主义和重复建设问题长期存在的原因［J］. 经济研究，2004（6）：33-40.

[196] 周黎安.中国地方官员的晋升锦标赛模式研究［J］. 经济研究，2007（7）：36-50.

[197] 周世愚.地方政府债务风险：理论分析与经验事实［J］. 管理世界，2021，37（10）：128-138.

[198] 周婷婷，马芳.中国府际关系及其经济功能：回顾与展望［J］. 投资研究，2021，40（12）：4-25.

[199] 周尚君.地方政府的价值治理及其制度效能［J］. 中国社会科学，2021（5）：150-168；207-208.

[200] 朱少东，关阵，王秋石.中国的财政分权与环境污染：一项元分析［J］. 公共管理评论，2023，5（1）：141-166.

[201] ALIYEV K. Некоторые вопросы качества экономического роста［J］. Вопросы экономики， 1977， 8： 24-36.

[202] JIN Y H， RIDER M. Does fiscal decentralization promote economic growth？ An empirical approach to the study of China and India［J］. Journal of Public Budgeting， Accounting & Financial Management， 2022， 34（6）： 146-167.

[203] SIMA M， PENG L， ZHOU Q J. The impact of fiscal decentralization on economic growth： a comparative analysis of selected African and OECD countries［J］. Heliyon， 2023， 9（9）.

[204] ROSS S A. The economic theory of agency： the principal' s problem［J］. The American Economic Review， 1973， 63（2）： 134-139.

[205] SOLOW R M. A contribution to the theory of economic growth［J］. The Quarterly Journal of Economics， 1956， 70（1）： 65-94.

[206] TREISMAN D. Decentralization， tax evasion， and the underground economy： a model with evidence from Russia［J］. Economics and Politics， 1999， 11（2）： 145-169.

[207] XIE D Y， ZOU H F， DAVOODI H. Fiscal decentralization and economic growth in the United States［J］. Journal of Urban Economics， 1999， 45（2）： 228 - 239.

索引

地方政府财力—20，42，162
发展型政府职能—20，43
经济差异—35
协调发展—20，29，32，51
资源配置效率—8，15，33，37，57，123